주가 주신 은혜

주가
주신 은혜

박개동 지음

contents

1

폐결핵

   20대 초였다. 그때는 주일도 아닌 수요일 저녁 예배 시간이 가까워지면 묘하게도 마음 깊은 곳에서부터 기쁨과 설렘이 가득 차올랐다. 마치 박하사탕을 먹었을 때 상쾌한 향이 입 안 가득 퍼지는 것처럼. 그러다 보니 여인과의 첫 데이트를 하러 갈 때보다 더 큰 설렘으로 발걸음은 교회로 향했다. 성경 말씀과 찬송을 잘 몰랐어도 예배를 그렇게 큰 기쁨과 설렘으로 드리게 된 것은 어쩌면 요한계시록 2장 4절에 나오는 첫사랑의 은혜인지도 모르겠다.

   그러던 어느 날, 우연히 읽은 책 한 권에 나는 깊은 고민을 안 할 수가 없었다. 라오디게아 성도들의 미지근한 믿음을 책망한 계시록(3:14~19) 말씀이 주 내용인 책이었다. 책을 읽고 나를 돌이켜 보니 나 역시 라오디게아 성도처럼 믿음이 미지근한 자라는 생각이 들어 혼란스러웠다. 고민에 고민을 거듭한 끝에, 나름의 결론을 내렸다. 제대로 된 믿음 생활을 하기 위해서는 신앙생활에 걸림돌이 되지 않게, 생활이 안정될 만큼의 돈이 필요하다는 생각이었다. 이런 생각으로 10년간 돈을 번 후에 다시 교회로 돌아오겠노라 결심했고, 교회 청년들에게 작별 인사를 하고는 교회를 떠났다.

그러나 말이 씨가 된다던가. 교회를 떠난 지 정확히 10년째 되던 해, 나는 폐결핵이 재발하여 심한 각혈을 했는데 33세 되던 해였다. 각혈 후 3일째 되는 날, 옆구리가 너무 아파 잠도 못 자고 뜬눈으로 밤을 지새우고 출근한 내게 동업을 하던 매형이 말했다.

"결핵에 합병증까지 오면 죽을 수도 있어."

통증에 잠도 못 잔 이유가 합병증 때문은 아닐까 하는 우려와 충격에 나는 병원에 가려고 급히 지하철을 탔지만 별의별 생각이 다 들었다. 이 젊은 나이에 벌써 죽는 걸까? 그럼 아내와 어린 딸들은 어떻게 한단 말인가?

죽음의 공포에 온갖 걱정까지 더해졌다. 심지어 '차라리 교통사고로 한순간에 죽는다면 이런 두려움과 걱정도 없을 텐데.' 하는 생각이 들던 그때, 무언가가 나의 머리를 치는 듯한 느낌이 들었다. 그리고는 너무나도 선명한 총천연색의 황금빛 사막이 머릿속에 펼쳐지면서 "너는 영원히 살 수 있다."라는 말씀이 들려왔다. 그 사막에는 뜨거운 햇살이 내리쬐었고, 모래 언덕 곳곳에는 사막의 바람이 만들어 낸 듯한 잔잔한 물결 같은 자국들이 있었다. 그 순간 내 머릿속을 가득 채운 것은 단 하나. 10년 동안 까맣게 잊고 살아온 교회였다.

'아! 교회로구나! 교회로 돌아가자!'

성경에 나오는 탕자는 먹을 것이 없어서 굶어 죽겠다는 생각이 들었을 때 하나님 아버지께서 불러 주셨다는데, 나는 '이렇게 합병증으로 곧 죽는 게 아닐까?' 하는 생각이 들었을 때 다시 불러 주신 것이다. 그렇게 나는 10년 만에 돈 대신 병든 몸을 가지고 주님께 돌아오게 됐다.

훗날, 교회 특송 시간에 할머니 집사님이 부르시는 〈천부여 의지 없어서 손들고 웁니다〉를 들은 적이 있다. 그 가사 구절구절에 얼마나 가슴이 찡해졌는지, 넋이 나간 사람처럼 듣고 있었다.

문득 이런 생각이 들었다. 그때 어째서 "너는 영원히 산다."가 아니라 "너는 영원히 살 수 있다."라고 하셨을까? '나 스스로는 영원히 살 수 없지만, 주님이 함께하시고 도우실 때 영원히 살 수 있다'는 의미임을 한참이나 고민한 끝에 깨달았다. 생각해 보면 10년 전에 들었던 요한계시록 3장 15절 말씀은 믿음이 어린 내가 함부로 받아먹을 수 있을 만한 내용이 아니었던 것이다.

계시록에 나오는 라오디게아 성도들은 좋은 환경에서 살다 보니 육의 멋에 취하여 육만 시퍼렇게 살아 있었고, 정녕 살아야 할 영은 시들어 침체될 대로 침체되었다. 마치 성령 없이 이성의 사고로만 믿음 생활을 하는 것처럼, 그런 미지근한 믿음 때문에 '살아 있으나 죽은 자'라고 책망하셨던 것이다. 세상 멋에 취한 성도에게 하신 말씀을 아무것도 모르고 믿음도 어렸던 나에게 해당되는 말씀으로 받아들여 교회를 떠났으니, 말씀을 분별할 능력이 없었던 영적 무지로 인해 화를 자초한 셈이었다.

하나님이 이스라엘 백성들을 광야로 인도하실 때, 블레셋 사람들이 사는 곳을 통하는 지름길을 두고도 둘러서 가게 하신 것도 이제 갓 믿음이 시작된 그들이 블레셋과 싸우게 되면 두려움에 사로잡혀 다시 애굽으로 돌아가려 할까 봐 그리하셨던 것이다.

> 바로가 백성을 보낸 후에 블레셋 사람의 땅의 길은
> 가까울지라도 하나님이 그들을 그 길로 인도하지 아
> 니하셨으니 이는 하나님이 말씀하시기를 이 백성이
> 전쟁을 하게 되면 마음을 돌이켜 애굽으로 돌아갈까
> 하셨음이라 (출 13:17)

사도 바울 역시 고린도 교회의 믿음 어린 성도들에게 전투적인 말씀이나 책망의 말씀이 아니라 먹기 좋고 감당할 수 있는, 쉬운 말씀을 먹였다고 하였다.

> 형제들아 내가 신령한 자들을 대함과 같이 너희에
> 게 말할 수 없어서 육신에 속한 자 곧 그리스도 안
> 에서 어린 아이들을 대함과 같이 하노라 내가 너희
> 를 젖으로 먹이고 밥으로 아니하였노니 이는 너희가
> 감당하지 못하였음이거니와 지금도 못하리라 (고전
> 3:1~2)

병든 몸을 끌고 교회로 돌아왔으나 각혈은 멈추지 않았다. 각혈이 심해져 마산의 결핵 요양원으로 갈 준비를 하던 중 '세례를 받고 가야겠다.' 싶었다. 세례를 받고 가면 치료가 빨리 될 수 있을 것 같았고, 죽음을 맞이하더라도 천국에 갈 수 있을 것 같다는 생각이 들었기 때문이다. 목사님께 말씀드렸더니 승낙하셨고, 다음 주일에 세례를 받으라고 하셨다.

세례를 받는 당일, 목사님 말씀에 따라 맨 앞줄에 앉았다. 그런데 갑자기 눈물이 흐르기 시작했다. 부끄러움도 없이 계속 흐르는 눈물을 멈출 수가 없

었다. 세례를 받을 때도, 받고 나서 자리에 앉아 있을 때도 눈물은 계속해서 펑펑 쏟아졌다. 눈물을 얼마나 흘렸던지, 설교를 하시던 목사님이 강대상에서 내려오셔서 내게 손수건을 주셨을 정도였다.

그렇게 가게 된 결핵 요양원에서는 늘 각혈을 조심해야 했는데, 나는 이상하게도 각혈을 많이 하는 편이었다. 각혈이 시작되면 간호사 두 사람이 와서 양쪽 손등에 주사기를 꽂았고, "기침을 크게 하시고 피를 계속 뱉어 내세요."라고 했다. 살아야 했으니 올라오는 피를 있는 힘을 다해 뱉어 냈지만, 잠시 후면 간호사의 목소리가 점점 희미해져 나중에는 여름밤 힘없는 모기 한 마리가 귓가로 스쳐 가는 소리 정도로 작게 들렸다. 그때쯤이면 몸이 침대 바닥에 쫙 달라붙은 듯, 온몸이 가라앉은 듯한 느낌이었다.

바로 이때 생에 한 번도 느껴 보지 못한 홀가분함과 너무 편안하다는 생각이 희미하게 들면서 '요양원에서 각혈로 죽는 이들은 이렇게 죽었겠구나.' 하는 생각이 떠올랐다. 그렇게 사르륵 사라질 것 같은 찰나, 나도 모르게 내 입술이 움직였다.

"주여!"

그 순간, 왼쪽 폐가 갑자기 움직였음을 알았다. 그리고 희미했던 정신이 돌아오면서 간호사들이 보였다. 각혈이 멈추면서 정신이 돌아온 것은 "주여!" 하고 불렀을 때, 폐가 움직였을 때부터라는 느낌이 들었다. 왼쪽 폐에서 느껴졌던 그 움직임은 나물을 무칠 때 손으로 주물럭거리는 듯한 느낌이었다. 정말로 99.99% 죽음의 문턱에 발을 디딘 순간, 입술이 살짝 움직이면서 나왔던 "주여!" 하는 그 소리를 내가 들을 수 있었던 것은 오로지 귀와 입술이 가까웠던 덕분이다. 거리가 조금만 더 멀었다면 들을 수 없었을 정도로 아주 작고

미세한 소리였다. 그럴 수밖에 없었던 것이, 각혈이 심해 시신처럼 되어 버린 그 육에 무슨 에너지가 있어서 소리를 낼 수 있었겠는가? 그러니 누구의 눈도 "주여!" 하고 부르는 내 입술의 움직임을 볼 수 없었을 것이고, 누구의 귀로도 그 목소리를 들을 수 없었으리라.

각혈로 죽어 가던 젊은 남자가 죽음에서 생명으로 옮겨진 그 찰나의 신비로운 일을, 그저 속수무책으로 지켜보고만 있었던 두 간호사는 알 수 없었을 것이다. 이를 가리켜 성경에서 말씀하기를 "받은 자만이 알 수 있나니(계 2:17)"라고 하셨으니, 받은 자만 알 수 있는 일이 일어난 것이었다.

각혈이 멈추고 몸이 회복되어 살 만해지니 이런 생각을 하지 않을 수 없었다. 나도 모르게 내 입술이 "주여!"라고 움직인 것은 어떻게 된 것인가? 또, 그 순간 폐가 움직이면서 각혈이 멈췄는데, 이는 정말 주님께서 행하신 것인가 아니면 우연의 일치로 입술이 "주여!" 하고 움직인 것과 동시에 폐가 움직인 것뿐인가?

알 수 없었고, 긴가민가 헷갈렸다. 그리고 보름 정도 지나서 다시 각혈이 시작되었고, 달려온 간호사들이 양쪽 손등에 주사기를 꽂으면서 큰 소리로 피를 뱉어 내라 했다. 그러나 시간이 흐르면서 간호사들의 목소리는 점점 작아져 갔고, 몸은 침대 바닥으로 가라앉는 것 같았다. 또다시 '편안하구나, 이렇게 죽는구나.' 하는 생각이 들었다. 그때, 다시 한번 나도 모르게 입술이 움직였다.

"주여!"

그 순간, 전과 같은 느낌이 들면서 또다시 폐가 움직였고, 희미했던 정신이 돌아왔다. 간호사가 보였고, 각혈은 멎었다.

똑같은 상황을 두 번이나 경험하고도 '이것이 정말로 주가 하신 것인가?' 하고 반신반의하고 있었다. 그리고 약 한 달 후 다시 각혈이 시작됐다. 그제야 나는 비로소 주님이 하신 것임을 알았고, 의심이 완전히 사라졌다.

온몸의 피를 다 쏟아 내다시피 하면서 세 번째로 '이렇게 죽는구나.' 하는 생각이 희미하게 들었을 때, 또다시 "주여!" 하고 내 입술이 움직였다. 그러나 이는 내가 부른 것이 분명 아니었다. 첫 번째 각혈을 했을 때 주님을 부른 것이 내가 한 것이었다면, 두 번째, 세 번째 각혈을 했을 때도 내 의지로 주님을 불렀을 것이다. 그러나 세 번 다 주님이 전혀 생각나지 않았던 것은 내가 한 것이 아니기 때문이다. 이것은 나를 살리시기 위하여 애타는 마음으로 성령께서 내 입술로 주님을 부르게 하신 것이었다.

> 이와 같이 성령도 우리의 연약함을 도우시나니 우리는 마땅히 기도할 바를 알지 못하나 오직 성령이 말할 수 없는 탄식으로 우리를 위하여 친히 간구하시느니라 (롬 8:26)

각혈은 완전히 멈췄고 살 만하게 되자 요양원에서 퇴원하여 집에서 약을 먹으며 생활했는데, 시간이 지나자 다시 각혈이 시작됐다. 죽지 않을 만큼만 지속돼 걷기가 힘들어 아내가 나를 자전거 뒤에 태우고 다니기도 했다. 길이 고르지 못한 곳에서 오는 작은 충격에도 피가 올라와 숨도 조심스럽게 쉬어야 하는, 참으로 두려운 고난의 날들이 지속되었다. 그래도 살아야 했기에 하루하루 기도를 드리면서 목숨을 이어 갔다. 기도 시간은 길어야 30초 정도였다.

그러던 어느 날, 동네에 있는 정자나무 쪽으로 가서 기도하고 싶은 마음이 들어 살살 걸어가 보니, 나무 밑에 크기는 탁구공만 하고 몸통 옆에는 조그마한 날개가 붙어 있는 새끼 참새 두 마리가 눈만 말똥거리고 있었다. 집에 있는 딸에게 줘야겠다는 생각에 새끼 참새들을 살짝 쥐고 정자나무 뒤쪽으로 돌아가서 잠시 기도를 드리고 눈을 떴는데, 손에 있던 참새 두 마리가 사라졌다. 날 수 있는 참새였다면 호주머니에 넣었을 것인데 분명 날 수 없는 아주 어린 새끼들이었다. 손을 펴고 그 위에 올려놓은 것도 아니고 분명 손으로 살며시 감싸듯이 쥐고 있었으니 발버둥을 쳤다면 손에 느낌이 왔을 것이다. 그러나 아무 감각도 느껴지지 않았는데 참새들은 사라진 것이다. 더욱이 기도 시간은 길어야 30초 정도에 불과했는데 어떻게 기척도 없이 사라진 것일까? 이상하다는 생각에 어이없는 웃음이 나왔고, 귀신에게 홀린 것도 아닌데 어찌 된 것인가 싶어 나무 주변을 돌아보기도 했으나, 참새들은 찾을 수 없었다. 나무 위로 올라갔나 싶기도 했지만, 날 수도 없는 새끼들이 어떻게 그럴 수가 있겠는가. 그런 생각을 하면서 나무 위를 쳐다보고 한 바퀴 돌고 있는데, 누군가 머리를 툭 쳤고, 곧이어 이런 말씀이 들려왔다.

> 참새 두 마리가 한 앗사리온에 팔리지 않느냐 그러나 너희 아버지께서 허락하지 아니하시면그 하나도 땅에 떨어지지 아니하리라 (마 10:29)

그 말씀을 듣고서야 알게 되었다. 만약 참새를 내 손에 그대로 두셨다면 나는 참새를 딸아이에게 주었을 것이고, 그렇게 되면 참새는 결국 죽게 되었을 것이다. 그러나 하나님께서는 그 참새 두 마리의 죽음을 허락지 않으셨으니, 다섯 손가락으로 감싸 쥐고 있던 두 마리 참새를 손바닥도, 손가락도 아무런 감각을 못 느끼도록 나의 손에서 빼내셔서 살려 주셨다. '모든 생명은 하나님 아버지가 가지고 계시다'는 것을 알게 하시고, 또한 '너의 생명은 내가 가지고 있으니 아무 염려하지 말라'고 이를 내게 보여 주신 것이다. 죽을 수밖에 없었던 참새 두 마리를 내 손에서 빼 가셨구나. 그렇다면 나도 살 수 있겠구나. 더욱이 나는 예수님을 믿고 있지 않은가. 참새를 살려 주셨듯이 나도 살려 주실 것이라는 믿음을 가지게 되었고, 동시에 '성경 말씀 모두가 다 사실이고 말씀대로구나.' 하는 생각이 들었다. 그리고 말씀을 알면 아는 만큼 두렵겠다는 생각이 들기도 했다.

이스라엘에서는 참새 두 마리를 우리 돈 천 원 정도에 팔아 생계를 유지하는 이들이 있었는데, 결국 하나님 아버지가 허락한 참새들만이 그들 손에 잡힌 것이다. 모든 생명체는 하나님 아버지가 가지고 계신 것인데, 죽음의 공포에서 벗어나지 못하고 있는 나를 불쌍히 여기시어 이를 알게 하심으로써 믿음을 갖도록 은혜를 베풀어 주신 것이다.

최근에 딸들이 집에 왔을 때, 이런저런 대화를 하다가 코로나19 이야기가 나왔는데, 교회 사모로 있는 큰딸이 이런 말을 했다. 백신을 접종해야 하는데 접종한 사람 중에 생명을 잃은 자가 적지 않았기에, 어떤 백신이 안전한지에 대한 두려움에 주님께 기도를 드렸더니 "걱정 마라. 아스트라나 화이자나 어떤 것을 맞든 다 똑같다. 모든 것은 내가 주관하는 것이니 어떤 약을 맞았다고 해서 안전하고, 다른 약을 맞았다고 해서 안전하지 않은 게 아니다. 모든 것은 내가 지켜 줘야 안전한 것이다."라고 말씀하셨다고 한다. 얼마나 지당하신 말씀인가! 우리의 생사화복을 주관하시는 주님이시다.

형제간에 재물로 문제가 일어난 어떤 이가 예수님께 말씀드렸을 때, 예수님께서 말씀하시기를,

> 삼가 모든 탐심을 물리치라 사람의 생명이 그 소유
> 의 넉넉한 데 있지 아니하니라 (눅 12:15)

주님은 재물이 사람을 장수하게 하는 것이 아니라고 하셨다. 참새 두 마리로 가르침을 주신 것처럼, 우리의 생명은 재물이 많고 적음과는 아무 상관이 없는 것이다. 돈이 많아 특별한 의료 혜택을 누리고 특별한 관리를 받고 특별한 음식을 먹는다고 해서, 그것이 그 사람을 장수하게 하지는 않음을 알아야 한다. 그런 것을 누릴 수 있게 살려 놓으셨기에 누리고 사는 것이다. 차에 같은 에어백을 달아도 그 덕에 살아남는 이가 있고, 도리어 에어백에 눌려 질식사하는 이도 있다. 에어백이 살리고 죽이는 것이 아니라 모든 것은 생명의 주인이신 하나님 아버지께서 하신다. 어떤 이는 수술을 잘 하여 생명을 이어 가고, 어떤 이는 잘못된 수술로 생명을 잃는다. 표면적으로는 의사의 손에 달려 있으나, 내면적으로는 모든 생명의 주인이신 하나님 아버지의 섭리에 달린 것이다. 모든 사람은 입을 모아 세상이 무섭다고 한다. 맞다. 무섭다. 온갖 사건 사고가 끊이지 않고 일어난다. 그런 세상에서 보호를 받는 성도들은 하나님 아버지가 자녀들을 생명 싸개로, 산울로, 불길 같은 눈동자로 보살피시고 지켜 주심을 알고 감사하고 또 감사해야 한다.

아팠을 때, 주일 예배를 마치고 교회 뒤편 나지막한 산 입구에 앉아 풀과

흐르는 개울물을 보고 있는데, "너 스스로 코로 숨 쉬는 것을 감사하라."라고 하셨다. 사실, 나는 죽어도 벌써 죽었어야 할 몸이었다. 요양원에서 각혈을 할 때도, 집에서 각혈을 할 때도, 작은 충격에도 올라오는 피로 숨을 쉬기조차 힘겨웠던 그 많은 고비마다 지켜 주시고 보호해 주신 은혜 덕에 산소 호흡기 없이 스스로 코로 숨을 쉴 수 있었고, 두 다리로 걸어서 이곳까지 올 수 있었다. 이 모든 것에 주님의 특별한 돌보심이 있었음을 너는 알라고 하시는 말씀이었다. 또한, 각혈을 하지 않고 건강이 회복된다고 나 스스로 조심하고 관리를 잘 해서 회복된 것이라 생각하여 주님인 그분을 잊어버릴까 봐 해 주신 당부의 말씀인 것 같기도 하다.

생각해 보면 긴 세월 수많은 고비마다 보살펴 주시고 지켜 주신 그 은혜에 감사한 것은 그 순간뿐이었고, 이내 까맣게 잊고 그저 예배만 드리던 나에게 은혜를 잊지 말라고 하신 말씀으로 새겨들었다.

신명기 말씀이 떠오른다.

> 그러나 네가 마음에 이르기를 내 능력과 내 손의 힘으로 내가 이 재물을 얻었다 말할 것이라 (신 8:17)

> 네 마음이 교만하여 네 하나님 여호와를 잊어버릴까 염려하노라 여호와는 너를 애굽 땅 종 되었던 집에서 이끌어 내시고 (신 8:14)

"스스로 네 코로 숨 쉬는 것에 감사하라."라는 말씀을 듣는 순간 보여 주신 것이 있었다. 눈높이보다 1.5미터쯤 앞, 약 2미터 정도 높이에 사람 머리보다 큰 돌이 공중에 떠 있었고 돌 아랫부분의 5센티미터 아래로는 손이 보였다. 그것을 보여 주신 것은 '하찮게 여기는 수많은 돌도 우연히 있는 것이 아니라 다 주님이 창조하신 것'임을 깨닫게 하려고 은혜로 보이신 것이다. 이어서 큰 기쁨과 황홀감을 주셨는데, 몸은 매우 가벼워 마치 무중력 상태에서 살짝 떠 있는 듯한 느낌이었다. 이런 상태라면 천국에 가서 얼마든지 매일 찬송하고 손뼉을 쳐도 피곤하지 않겠다는 생각이 들었다. 그 순간에 그런 생각이 든 것은, 청년 시절 "천국에 가면 매일 손뼉 치며 찬양한다."라는 말을 듣고 '그럼 천국에 가도 피곤하겠다.'라는 생각을 한 적이 있었기 때문이다. 그런 신비한 체험을 하던 순간에 10여 년 전에 했던 그 생각이 떠오른 것은, 천국에서 매일 손뼉 치고 찬양해도 전혀 피곤하지 않음을 알게 하시려던 것이다. 그것을 알려 주시려고 은혜를 주신 것을 보면 참으로 놀랄 만큼 자상하신 주님이시다.

낙원은 사람들이 상상하려 해도 할 수 없는, 아름다운 곳이다. 낙원에는 50~80킬로그램이나 되는 무거운 육을 벗고 가므로 무게감이 거의 없는 영혼뿐이니 가벼울 것이고, 죄의 육을 벗었으니 죄의 생각이 사라져 영혼 본연의 기쁨과 황홀감으로 가득할 것이다. 또한, 각자가 수고한 대로 받을 상급도 있을 것이며, 거기에다 낙원의 아름다움까지 있으니 어찌 피곤함이 있겠는가.

> 모든 눈물을 그 눈에서 닦아 주시니 다시는 사망이 없고 애통하는 것이나 곡하는 것이나 아픈 것이 다시 있지 아니하리니 처음 것들이 다 지나갔음이러라
> (계 21:4)

독을 품은 기도

어느 날, 집사람과 다툰 후 며칠이 지나도 마음이 가라앉지 않고 화가 머리 끝까지 치밀어 '팔이라도 하나 못 쓰게 해야 속이 풀리겠다.'라는 생각이 들었다. 며칠을 고민한 끝에 일단 주님께 보고 형식으로 기도는 드려야겠다는 생각이 들어 낮에 교회를 찾았다. "주님, 제가요."라는 말로 시작하려는데, 생각과 달리 '제' 자는 나오지 않고 "불쌍히 여겨 주세요. 용서해 주세요." 하는 말이, 그것도 반복해 계속 튀어나왔다. '어, 이상하다. 이게 아닌데…. 전혀 다른 말이 나오네. 이럴 수가 있나?'라고 생각했는데, 입으로는 여전히 "불쌍히 여겨 주세요. 용서해 주세요."라고 외쳤다. 도저히 더는 안 되겠다 싶어 기도를 중단하고 시계를 보니 40분을 그렇게 하고 있었던 것이었다.

집으로 오는 내내 생각해 봐도 누구를 불쌍히 여기고 누구를 용서해 달라고 한 것인지 알 수 없었다. 집사람인지 아니면 나인지, 나라면 내가 어때서, 내가 무슨 큰 잘못을 했다고 나를 용서해 달라는 기도가 나오겠는가? 말도 안 된다. 그렇게 이런저런 생각을 하면서 마음을 가다듬고 있었는데, 2~3일

정도 지나서도 아내에 대한 화가 도무지 풀리지 않았다. 이번만큼은 확실하게, 제대로 된 보고 기도를 드리고 생각대로 할 것이라고 결심하고 다시 교회로 가서 기도를 드렸다. 그런데 이번에도 "불쌍히 여겨 주세요. 용서해 주세요."라는 말만 나오는 것이 아닌가! '또 이러네. 이게 아닌데.' 하는 생각은 들었지만, 여전히 엉뚱한 말을 외치는 기도만 하다가는 안 되겠다 싶어 중단하고 시간을 보니, 이번에도 40분 정도가 지나 있었다.

두 번이나 이러다 보니 이번에는 집에 오는 길에 더 심각하게 고민했는데, 무게를 느낄 수 없는, 연기처럼 보이는 옷 같은 것이 몸에서 벗겨지듯 하더니 머리 위로 사라지는 것이 보였다. 이를 본 순간, 갑자기 집사람이 불쌍하다는 생각이 들면서 그동안 내가 집사람에게 잘못한 것이 하나씩 떠오르기 시작했다. 어쩌면 이렇게 잘못을 하고도 잘못한 것조차 모르고 살아올 수가 있었을까 싶어 더욱 놀랐다.

그때 내 나이가 서른넷이었는데, 그때까지 자신을 돌아보는 일 한번 없이 세상 따라 흘러가는 대로 산 것이었다. 세상 물정도 모르고 천지 구분도 못 하는 것이 까불고 다니면서 가부장적으로 아내를 완전히 무시하며 마음대로 행동하고 살아왔음을 깨닫게 되니 앞이 캄캄했다. 하늘이 무너져 내리는 것 같은 충격으로 온몸에 힘이 빠졌고, 조금 전 "불쌍히 여겨 주세요. 용서해 주세요."라고 외쳤던 그 기도가 나를 두고 한 것임을 알고는 그 자리에 주저앉아 통곡하고 싶은 비참한 심정이 됐다. 발람이 물욕에 잡혀 나귀를 타고 떠났을 때, 있을 수 없는 일이 일어났다. 타고 있던 나귀가 발람에게 말을 한 것이다.

> 여호와께서 나귀 입을 여시니 발람에게 이르되 내가 당신에게 무엇을 하였기에 나를 이같이 세 번을 때리느냐 발람이 나귀에게 말하되 네가 나를 거역하기 때문이니 내 손에 칼이 있었더면 곧 너를 죽였으리라 나귀가 발람에게 이르되 나는 당신이 오늘까지 당신의 일생 동안 탄 나귀가 아니냐 내가 언제 당신에게 이같이 하는 버릇이 있었더냐 그가 말하되 없었느니라 (민 22:28~30)

보고 기도를 드리겠다고 기도하러 가서는 엉뚱한 말만 40분을 외친 이상한 일이 일어난 것이 바로 말을 할 수 없는 나귀가 말을 하도록 성령께서 나귀의 혀를 움직인 것과 같았다. 성령께서 나의 혀를 움직여 "불쌍히 여겨 주세요. 용서해 주세요." 하는 기도가 나오도록 하셨던 것이다. 사악한 생각에 사로잡혀 기도하려는 나를 도와 하나님 아버지가 받으실 기도를 드리도록 하신 것이다.

> 이와 같이 성령도 우리의 연약함을 도우시나니 우리는 마땅히 기도할 바를 알지 못하나 오직 성령이 말할 수 없는 탄식으로 우리를 위하여 친히 간구하시느니라 (롬 8:26)

그날 주께서 주신 은혜로 가정이 얼마나 귀중한 것인가를 알게 되면서 동시에 세상에서 아내와 가정보다 더 귀하고 소중한 것은 없음을 알게 하셨고, 주의 종으로 살면서 아내와 가정보다 주님이 더 귀하고 소중함을 알도록 이끌어 주셨다. 주님 중심이 되도록 만들어 가시는 과정에서 먼저 아내와 가정을 소중히 그리고 귀하게 여기도록 하셨고, 점차 가장 귀하고 소중한 분은 주님임을 알게 하신 것이었다.

아내와 가정이 귀하고 소중하다는 것을 알게 하신 그날부터 식사 기도를 드리기 위해 '주님'이라는 두 글자만 나오면 어디에서 그렇게 나오는지, 갑자기 눈물이 주르륵 흐르고 엉엉하고 울었다. 하루 세 번을 3~4개월가량 빠짐없이 울다 보니 나중에는 울기 싫어서 식사 기도를 중단하기도 했다. 그러나 이제는 눈물의 기도를 드리고 싶어도 그런 눈물이 나오지 않는다. '그때 눈물의 기도를 중단해서 그런가?' 하는 생각이 들어 후회가 되기도 한다.

세월이 흐르니 철이 들어서인지 지난날 아내에게 잘못하고 살아온 것이 죄스러워 가끔 부끄럽기도 했다. 그런 생각이 들 때면 '주님께 회개했으니 됐지.' 하고 지나갔는데, 주님은 "아내를 사랑하는 마음을 말로 표현하고 행동으로 옮기라."라고 하셨다.

잘못을 회개했다고 끝나는 것이 아니라 나로 인해 상처받고 고생한 아내를 사랑으로 위로하라는 말씀이셨다. 그 말씀대로 하려고 했으나 막상 해 보니 경상도 사람이라 그런지 정말 어색하고 쉽지 않았다. 그래도 하다 보니 서툴게라도 되긴 했는데, 그러기까지 6~7년은 걸린 것 같다. 우리 집사람은 정말 고생이 많았다. 그런 집사람에게 "너무 고마워. 다른 여자라면 고무신 거꾸로 신고 벌써 떠났을 텐데, 그 긴 세월 속에서도 병든 나를 위해 매달 생활비 꼬박꼬박 보내면서 어린 두 딸까지 키우느라 정말 고생이 많았다."라고 했는데, 그 말이 내 입에서 떨어지자마자 "내가 했노라."라고 주님이 말씀하셨다. 그 말씀을 듣고는 '아, 그렇구나. 주님이 집사람의 마음을 잡고 계셨구나. 그래서 그런 환경에서도 일편단심 민들레로 나를 도왔고 두 딸을 돌본 것이구나.' 하고 깨닫게 됐다. 이를 알고 나니 마음고생은 주님이 더 하셨겠다는 생각이 들었다. 감사와 고마움을 주님께 먼저 드려야 하는데 주님이 하신 일을 너무 모르고 있으니 주께서 가르쳐 주신 것 같다. 생각할수록 모든 것이 주님이 베푸신 은혜로 살아온 것 같아, 범사에 감사하라고 하신 말씀 생각이 많이 났다.

당시 우리 가정은 정말 열악한 환경에 놓여 있었다. 그런 환경에서 주님의 은혜로 주께 붙잡혀 끝까지 나와 딸들을 보살펴 준 집사람에게 늘 고마움과 죄스러운 마음을 가지고 사는데, 이 마음 또한 주님이 주신 마음일 것이다.

그렇게 두 번이나 보고 기도를 드리려다 오히려 회개의 기도를 하고는 심각하게 고민하면서 집으로 오던 날, 나에게서 무엇인가 벗겨져 나가는 듯한 그날이 오기까지 누구나 아는 아내와 가정의 귀중함을 나만 몰랐던 것은, 나에게 악한 영이 영향력을 행사하고 있었기 때문이었다. 내가 태어나기 전, 예배를 모르시는 어머니가 아들을 낳게 해 달라고, 누구에게인지 모르겠으나 백일기도를 드렸다고 하셨다. 또, 어렸을 때는 집으로 점쟁이가 와서 밤새도록 굿하는 것을 보기도 했고, 어디에 가면 좋다는 말에 지금 돌이켜 보면 사이비 종교가 분명한 곳에 나를 데려가기도 하셨다. 어린 나는 영적으로는 무방비 상태로 노출되어 있었으니 악령이 접근할 수 있었을 것이다. 악한 영의 영향을 받게 되면, 주께서 은혜를 내려주시기까지는 무엇이 잘못되었는지, 왜 유별난 삶을 살게 됐는지를 모르고 서른넷까지 살아온 나같이 살 수밖에 없을 것이다. 세상 사람들은 악한 영이 있는 줄도 모를 뿐 아니라 있다 해도 믿지 않고, 그것들의 존재 자체를 부인한다. 그래서 그들은 그것들의 놀이터가 되기도 한다. 그것들은 엄연히 존재하고 있고, 육의 기능보다 훨씬 뛰어난 재주를 가지고 있어 그것들에게 잡히면 인간이 가진 그 무엇으로도 이길 수도, 벗어날 수도 없다. 많은 점쟁이는 점쟁이가 되고 싶어서 된 것이 아니다. 악한 영이 붙어 강압적으로 누르고 공갈 협박을 하고 원하는 것을 거부하면 몸을 아프게 하니 벗어날 재주가 없어서 두 손 두 발을 들고 그 일을 하는 것이다. 다만 점쟁이 영은 정체를 드러내고 노골적으로 덤비지만, 보통 사람들에게 접근하는 악한 영들은 점치는 재주가 아니라 다른 못된 재주를 가졌다. 그것들이 선악과를 먹고 타락한 죄의 기능을 가진 사람의 육에 붙게 되면 그 사람의 삶은 육의 욕구에 잡혀 온전할 수가 없다. 사악한 영의 영향을 받는 이들은 우둔하며, 지혜롭지 못하고 사납기도 하다. 설령 지혜롭고 총명해도 거짓말을 잘 하며, 불법을 저지르고도 "어쩔 수 없다."라고 하면서 그렇게 사는 것이다. 그러나 벗어나는 길은 얼마든지 있다. 또한 활짝 열려 있다. 그곳으로 가면 된다. 바로 교회다. 예수 그리스도께서 일하시는 곳이다.

예수께서 사람에게 붙어 있는 귀신들을 얼마나 많이 쫓아내셨는지 보라.

예수께서 꾸짖어 이르시되 잠잠하고 그 사람에게서 나오라 하시니 더러운 귀신이 그 사람에게 경련을 일으키고 큰 소리를 지르며 나오는지라 (막 1:25~26)

저물어 해 질 때에 모든 병자와 귀신 들린 자를 예수께 데려오니 온 동네가 그 문 앞에 모였더라 예수께서 각종 병이 든 많은 사람을 고치시며 많은 귀신을 내쫓으시되 귀신이 자기를 알므로 그 말하는 것을 허락하지 아니하시니라 (막 1:32~34)

이에 온 갈릴리에 다니시며 그들의 여러 회당에서 전도하시고 또 귀신들을 내쫓으시더라 (막 1:39)

2박 3일의 회개

결핵을 앓은 지 7년째 되는 해였다. 교회 집사님이 기도원에 같이 가자고 하셔서 따라갔는데, 김천 인근에 있는 천성기도원이었다. 기도원에 도착하니 연세가 많아 보이는 할머니 원장님이 나를 보시고는 대뜸 "주의 종이 어디로 돌아다니다 이제 오느냐."라고 하셨다. '나더러 주님의 종이라네.' 하고는 한 귀로 듣고 한 귀로 흘려 버렸다.

기도원에서 예배가 끝나면 원하는 성도는 산에 있는 개인 기도실에서 기도한다. 그때 나도 개인 기도실에서 기도를 했는데, 어찌 된 것인지 처음부터 잘못한 것들만 떠오르더니 기도가 끝날 때까지 계속됐다. 새벽 기도에서 시작하여 오전 기도, 오후 기도까지, 밤낮을 가리지 않고 기도만 하면 회개 기도가 이어졌다. 내가 보기에는 죄가 아닌 것 같았는데 죄였다. 그 어린 초등학생 때, 여름철 동네 친구들과 수영을 하러 오가면서 배고프다고 남의 밭에서 오이를 따 먹었던 것, 고구마 캔다고 넝쿨을 잡아당겨 헤쳐 놓았던 것, 초등학교 앞 구멍가게에서 눈깔사탕 몇 개를 훔쳐 먹은 것, 이런 것들부터 시작해 줄줄이 떠오르는데, 끝도 없었다. 아들을 마냥 예뻐해 주신 어머니께 버릇 없이 말을 함부로 한 죄. 이 죄들은 혀를 회개시켜 주셨고, 2박 3일 동안 다른 기도는 일절 없이 오로지 회개 기도뿐이었다. 초등학생 때부터 마흔 살까지 살아오면서 쌓인 죄와 허물들 중 내가 꼭 회개해야 할 것들만 골라서 회개를 시켜 주셨던 것이다.

2박 3일의 회개 기도 후에 몇 가지나 회개했는지 대충 헤아려 보니 거의 180가지 정도였다. 다윗이 은혜로 자신의 죄를 보았을 때 그 수가 머리카락 보다도 많다 하였으니, 주님 눈으로 보시면 인간은 숨 쉬는 것 외에는 다 죄에 속하는지도 모른다.

> 수많은 재앙이 나를 둘러싸고 나의 죄악이 나를 덮치므로 우러러 볼 수도 없으며 죄가 나의 머리털보다 많으므로 내가 낙심하였음이니이다 (시 40:12)

다윗에게 자신의 죄가 그토록 많다는 것을 알게 하신 것은 참으로 놀라운 은혜를 주신 것이다. 받은 은혜가 얼마나 컸으면 모태에서부터 시작된 자신의 죄를 보았을까? 아마도 육신이 가진 죄는 거의 다 봤을 것 같기도 하다.

> 내가 죄악 중에서 출생하였음이여 어머니가 죄 중에서 나를 잉태하였나이다 (시 51:5)

> 여호와여 내 젊은 시절의 죄와 허물을 기억하지 마
> 시고 주의 인자하심을 따라 나를 기억하시되 주의
> 선하심으로 하옵소서 (시 25:7)

젊었을 때의 죄를 말하는 자는 다윗뿐만이 아니다. 욥도 자신의 젊은 시절 죄를 말하기를,

> 주께서 나를 대적하사 괴로운 일들을 기록하시며 내
> 가 젊었을 때에 지은 죄를 내가 받게 하시오며 (욥
> 13:26)

다윗이나 욥이 고백한, 죄를 가진 성도의 죄와 허물을 덮어 두신 것은 예수 그리스도가 십자가에서 쏟아 낸 옆구리의 피 때문이다. 그러나 그 죄와 허물을 그대로 두지 아니하시고 죄의 뿌리에서 나온 행위들을 회개케 하실 때는 "내가 징계하노니" 하시는 말씀에 따라 크든 작든 징계가 필연적으로 뒤따를 것이다.

> 징계는 다 받는 것이거늘 너희에게 없으면 사생자요
> 친아들이 아니니라 (히 12:8)

나 같은 경우는 하나님 아버지를 많이 두려워하는 편에 속한다. 정말 많이 맞았고 식겁했기 때문이다. 그래서 회초리가 아닌 꾸지람만 하셔도 즉시즉시

살피려 하는데, 내가 바라거나 원치 않아도 꾸지람 들을 만한 생각들이 시도 때도 없이 떠오른다. 이 생각은 내가 떠올리고 싶어서 떠올린 것이 아니므로 내가 통제할 수 없는 것인데, 무엇 때문에 이런 통제 불가한 잡스러운 생각이 떠오를까? 이에 대해 사도 바울이 말하기를,

> 이제는 그것을 행하는 자가 내가 아니요 내 속에 거하는 죄니라 내 속 곧 내 육신에 선한 것이 거하지 아니하는 줄을 아노니 원함은 내게 있으나 선을 행하는 것은 없노라 (롬 7:17~18)

주님의 눈으로 보셨을 때, 선한 곳이 단 한 곳도 없는 육신을 가지고 40년을 살아온 나의 삶은 허물로 점철된 40년이었던 것이다. 특히 긴장하면서 한 회개가 있었는데, 바로 간음에 대한 회개였다. 예수님을 믿기 전, 총각 시절에 그냥 좋아서 동침한 것에 대하여 상대의 얼굴이 떠오르면서 회개가 되었는데, 다른 회개와 달리 많이 떨렸고 매우 두려웠다.

이어서 예수님을 믿은 후 동침한 사람에 대하여 회개했을 때는 매우 특이했다. 회개를 하는 중에 동침했던 사람이 마치 배 속에서 웅크리고 있는 태아 같은 모습으로 내 옆구리 쪽에서 빠져나왔다. 크기는 계란만 했다. 그때 "용서하소서, 용서하소서."라고 연이어 말하였고, 몸에서는 열이 나는 것 같아 웃옷을 벗고 기도를 드렸다. 그 회개 때 내 몸이 더럽혀진 것을 알았고 간음이 무서운 것인 줄도 알게 되었다. 주님을 영접한 후 거룩한 몸이 된 것을 모르고 간음으로 더럽혔으니, 그 몸을 회개로 깨끗하게 해 주신 것이다. '창녀와 합하는 자는 한 몸'이라고 하셨다고 해서 '창녀만 아니면 된다.'라는 생각

은 하지 말라. 상대가 누구건 간음은 성도의 몸을 더럽히는 것이다.

> 창녀와 합하는 자는 그와 한 몸인 줄을 알지 못하느
> 냐 일렀으되 둘이 한 육체가 된다 하셨나니 (고전
> 6:16)

성도가 살다 보면 주님이 싫어하시는 것들을 하게 되겠지만, 간음을 제외한 그 어떤 것도 성도의 몸을 더럽히지는 못한다. 미혼의 젊은 성도가 결혼할 사람이 아닌데도 정욕으로 성관계를 가졌다면 거룩한 성전을 더럽힌 것이다. 성도의 몸을 더럽게 하는 유일한 것은 타인과의 성관계뿐이다.

> 음행을 피하라 사람이 범하는 죄마다 몸 밖에 있거
> 니와 음행하는 자는 자기 몸에 죄를 범하느니라 (고
> 전 6:18)

성도의 몸은 자신의 몸이 아니다. 자신도 모르게 이미 거룩한 성전이 되어 있다는 사실을 절대로 잊어서는 안 된다.

> 너희는 너희가 하나님의 성전인 것과 하나님의 성령
> 이 너희 안에 계시는 것을 알지 못하느냐 누구든지
> 하나님의 성전을 더럽히면 하나님이 그 사람을 멸하
> 시리라 하나님의 성전은 거룩하니 너희도 그러하니
> 라 (고전 3:16~17)

성전이 된 성도의 몸을 간음으로 더럽힌다면 더럽힌 자를 멸시한다 하셨는데, 경우에 따라 다르겠으나 고통스러운 일들이 대책 없이 지속될 수도 있을 것이다. 멸시는 서러운 것이다. 좋은 말로 서러운 것이지, 하나님으로부터 오는 멸시나 저주는 무서운 것이다. 그러므로 성도는 거룩한 몸을 간음으로 더럽히지 않기 위해 특별한 은사가(마 19:9~12) 없다면 결혼을 하고 음행을 피해야 한다.

> 음행을 피하기 위하여 남자마다 자기 아내를 두고 여자마다 자기 남편을 두라 남편은 그 아내에 대한 의무를 다하고 아내도 그 남편에게 그렇게 할지라 아내는 자기 몸을 주장하지 못하고 오직 그 남편이 하며 남편도 그와 같이 자기 몸을 주장하지 못하고 오직 그 아내가 하나니 서로 분방하지 말라 다만 기도할 틈을 얻기 위하여 합의상 얼마 동안은 하되 다시 합하라 이는 너희가 절제 못함으로 말미암아 사탄이 너희를 시험하지 못하게 하려 함이라 (고전 7:2~5)

혼인을 한 성도가 간음의 두려움을 알면서도 한다면 그의 영적인 삶은 매우 거칠고 힘들 것이다. 왜 이렇게 삶이 거칠게 되는지 훗날 본인만 알 것이다.

잠언에 이런 말씀이 있다.

> 사람이 불을 품에 품고서야 어찌 그의 옷이 타지 아
> 니하겠으며 사람이 숯불을 밟고서야 어찌 그의 발이
> 데지 아니하겠느냐 남의 아내와 통간하는 자도 이와
> 같을 것이라 그를 만지는 자마다 벌을 면하지 못하
> 리라 (잠 6:27~29)

간음으로 어마어마한 고통을 받은 자가 다윗왕이었다. 왕의 간음으로 하나님께서 아들로 하여금 반란을 일으키게 하였고, 다급한 왕은 급히 궁에서 도망쳐야만 했다. 남아 있는 후궁들은 모조리 그것도 대낮에 아들 압살롬에게 빼앗겼다. 이 일로 인하여 다윗은 한평생을 쓰라렸을 것이다. 간음은 불을 품에 품고 있는 것과 비슷하다.

어느 성도가 몸이 계속 아파서 기도를 받으러 왔기에 기도하려고 손을 얹으려는데, 갑자기 '더러운 것'이라는 말이 들려왔다. 이때 나에게 생각난 것이 간음이다. 성도의 몸을 더럽히는 것은 간음뿐이기 때문이다. 거룩한 성전을 간음으로 더럽힌 자를 멸시한다 하셨으니, 주를 받들어 섬기는 천사 역시 성전을 더럽힌 그를 멸시하여 더러운 것임을 알려 준 것이다.

천사가 말을 했다고 생각한 것은 외부에서 들렸기 때문이다. 천사가 하는 말도, 악한 영이 방해하는 말도 외부에서 들릴 때가 있다. 특히 기도할 때 들려오는 말을 잘 분별해야 한다. 악한 영의 말을 성령께서 하신 말씀으로 알고 문제를 일으킬 수도 있기 때문이다. 내부에서 들리는 말이라고 다 성령께서 주시는 말씀이 아닐 수 있다. 몸속에 악한 영이 오랫동안 자리를 잡으면 그것 또한 말을 할 수 있기 때문이다. 음란하기로 소문난 고린도에서 복음을 받

아들여 예수 그리스도를 영접하였으나, 무섭고도 더러운 간음과 음행에서 빠져나오지 못한 채 성찬을 하다 보니 약한 자, 병든 자, 목숨을 잃는 자가 적지 않았다고 하였다. 내가 몰랐던 것같이 고린도 교회 성도들은 간음과 음행이 무서운 죄인 줄 몰랐을 것이다. 고린도 성도들의 문란한 성생활을 알게 된 사도 바울이 성령의 도움으로 성도들에게 보낸 서신에 성찬식을 할 땐 누구든지 자신을 살핀 후에야 떡을 먹고 잔을 마시라 하였다.

> 그러므로 누구든지 주의 떡이나 잔을 합당하지 않게 먹고 마시는 자는 주의 몸과 피에 대하여 죄를 짓는 것이니라 사람이 자기를 살피고 그 후에야 이 떡을 먹고 이 잔을 마실지니 주의 몸을 분별하지 못하고 먹고 마시는 자는 자기의 죄를 먹고 마시는 것이니라 그러므로 너희 중에 약한 자와 병든 자가 많고 잠자는 자도 적지 아니하니 (고전 11:27~30)

　자신의 몸을 살핀다는 것은 성도의 몸을 더럽게 한 간음이나 음행에 대하여 살피라는 것이다. 성도는 누구든 성찬식을 하기 전에 반드시 자신의 몸을 간음으로 더럽힌 적이 있는지 잘 살펴야 하고, 천에 하나, 만에 하나라도 그런 일이 있다면 금식으로 회개해야 한다. 회개할 때 간음한 사람이 웅크린 모습을 하고 옆구리 쪽에서 빠져나가는 것이 보이지 않는다 해도 틀림없이 빠져나가게 될 것이다. 음행이나 간음을 하였다고 너무 두려워 말고, 주님께 낱낱이 고백하고 토하면 주님의 방법으로 친히 깨끗하게 해 주신다.

> 만일 우리가 우리 죄를 자백하면 그는 미쁘시고 의
> 로우사 우리 죄를 사하시며 모든 불의에서 깨끗하게
> 하실 것이요 (요일 1:9)

디모데후서에 이런 말씀이 있다.

> 큰 집에는 금 그릇과 은 그릇뿐 아니라 나무 그릇과
> 질그릇도 있어 귀하게 쓰는 것도 있고 천하게 쓰는
> 것도 있나니 그러므로 누구든지 이런 것에서 자기를
> 깨끗하게 하면 귀히 쓰는 그릇이 되어 거룩하고 주
> 인의 쓰심에 합당하며 모든 선한 일에 준비함이 되
> 리라 또한 너는 청년의 정욕을 피하고 주를 깨끗한
> 마음으로 부르는 자들과 함께 의와 믿음과 사랑과
> 화평을 따르라 (딤후 2:20~22)

어떤 것을 그릇에 담듯이 성도의 몸은 성령을 담은 그릇이 된 것이다. 우리의 몸에 거룩한 성령을 담았으니(고후 4:7) 간음으로 더럽히지 말아야 한다. 그러나 순결만 지킨다고 되는 것은 아니다. 육이 가진 죄의 욕구를 좌절시켜야 한다. "성경 말씀이 이러니 말씀대로 살아야 한다."라고 해서 그렇게 살아지는 것은 아니다. 때문에 훈련이 있는 것이다. 이 훈련을 성경에서는 광야라고도 하며 연단이라고 한다. 연단은 고난을 말하는 것으로, 연단을 통해 비로소 말씀에 순종하게 된다. 아무 흠도, 점도 없는 예수님도 육을 입고 탄생하

셨으므로 고난으로 순종을 배웠다 하셨다.

> 그가 아들이시면서도 받으신 고난으로 순종함을 배워서 (히 5:8)

성경 말씀에 잘 순종하려면 육의 것이 고분고분해야 한다. 고난이 닥쳐야 비로소 육이 말씀에 고분고분하므로, 고난이 곧 유익이라고 다윗이 고백한 것이다.

> 고난 당하기 전에는 내가 그릇 행하였더니 이제는 주의 말씀을 지키나이다 (시 119:67)

> 고난 당한 것이 내게 유익이라 이로 말미암아 내가 주의 율례들을 배우게 되었나이다 (시 119:71)

하나님은 자녀들이, 몸과 마음이 깨끗하여 거룩하기를 원하신다. 개척했을 때, 어느 부부 집사님이 오셔서 봉사를 하고 싶다고 하셨다. 그러면서 초등학교 4학년 딸이 있는데 교회에서 피아노 반주자로 세울 수 있겠느냐고 물으셨다. 교회에 피아노가 없다고 하자 자신의 집에 있는 키보드를 가지고 올 테니 딸을 반주자로 세워 달라고 부탁하셨다.

아무리 개척 교회라도 초등학교 4학년 아이를 반주자로 세우는 것은 도저히 안 될 듯해 집사님이 돌아가자 바로 기도를 드렸다. "교회에 키보드를 가지고 오면 교회에 출석 중인 고등학생에게 반주를 시키는 것이 누가 보아도 더 은혜로울 것입니다. 덩치도 작은 초등학교 4학년 아이가 반주를 한다면 무슨 은혜가 되겠습니까?" 그런데 말씀하시기를, 초등학생 딸로 인하여 집사 부부의 믿음을 키우시겠다고 하셨다. 나는 다시 "아무리 그래도 그렇지요. 조그마한 애가 피아노 반주를 한다면 은혜가 되겠습니까?"라고 했다. 그러니 두 번째 응답을 주셨는데, 거의 28년 전의 일이라 정확히 기억이 나지는 않지만, 이 말씀에도 쉽게 납득이 되지 않았다. 하여 다시 내 생각을 말씀드렸더니 세 번째 내려 주신 말씀은 생생히 기억이 난다.

"그 초등학생이 더 거룩하다."

그 말씀을 듣고는 할 말을 잃고 "예."라고 말씀드리고는 본래 내가 세우고자 했던 고등학생을 곰곰이 떠올려 보았다. 생각해 보니 그 학생은 아직 미성년자임에도 부모 몰래 집을 나와 남자와 동거하고 있는 학생이었다. 불법을 싫어하시는 주님은 고등학생보다는, 더 거룩한 초등학생의 반주를 바라셨던 것이다. 그때 나는 주님을 향한 뜨거움과는 별개로, 거룩보다 교회의 성장을 위해 구색을 갖추는 겉치레에만 신경을 썼던 것 같다. 그때의 나를 돌이켜 보면 라오디게아 교회가 생각나기도 한다.

믿는 자들이 거룩하기를 원하시는 주님이시라 자녀를 둔 부모로서 이런 기도를 드려 보았다. 딸들이 순결을 지키면서 결혼하게 해 달라고. 응답하시기를, "네가 순결을 지키면 딸들도 그리된다."라고 하셨다. 심는 대로 거둔다는 말씀이셨다.

> 스스로 속이지 말라 하나님은 업신여김을 받지 아니
> 하시나니 사람이 무엇으로 심든지 그대로 거두리라
> (갈 6:7)

어둠의 세력인 음란한 영이 자녀들에게 기웃거리지 못하도록 부모들이 순결을 지켜야 한다는 말씀이셨다. 순결을 지키는 첫길이 기도이다. 그리고 입으로는 "나는 간음을 싫어하며, 음행을 싫어한다."라고 기도할 때마다 소리 내어 반복해야 한다. 그러나 이러한 기도를 소리 내서 한다는 것은 곤란할 것이다. 때문에 집에서 해도 되고, 운전하면서 해도 된다. 그리하면 그대로 되는 것을 경험할 것이다. 이런 기도는 주님이 바라시는 대로 영과 혼과 육을 회복시키는 것이므로 기도의 능력이 빠르게 나타난다. 그러나 자신을 위해 물질을 달라거나, 무엇을 이루어 달라는 기도라면 거의 허공의 메아리와 다름이 없을 것이다. 하나님이 원하시는 거룩한 삶에는 무관심하면서 육의 욕구를 위한 기도를 드린다면 들어주시겠는가? 그러나 주님 일에 물질을 활용할 훈련을 받고 그것이 몸에 배었다면, 물질은 받을수록 좋다. 그것이 아니라면 그냥 있는 것으로 족한 줄 알고 사는 것이 주님도 좋으시고 본인도 좋을 것이다.

어느 날 누님이 와서 매형이 하는 사업이 잘되게 해 달라고 기도를 부탁해서 부탁한 대로 기도를 드리는데 주께서 이런 말씀을 하셨다. "그가 가난한 자를 돕겠느냐." 나는 그 말씀을 듣고 누님에 대하여 곰곰이 생각을 해 보았다. 교회에서 하는 일에는 대단한 열심을 가진 권사님이지만, 남을 돕거나 불쌍한 자를 돕는 그런 분은 아니었다. 그래서 그 기도를 더는 드릴 수가 없었다. "그가 가난한 자를 돕겠느냐."라고 하신 말씀은 이 땅에 사는 모든 성도에게 해당되는 말씀일 것이다. 성도는 주님을 위한 것이 아니라면 너무 물질을 찾지 않는 것이 믿음에 큰 도움이 될 것이다.

믿음에 큰 도움이 되는 것이 또 있다. 선한 싸움을 위해 하루도 쉬지 않고 수시로 해야 하는 것이 기도다. 그것이 몸에 배면 육의 유익이 아니라 영에 많은 유익이 있을 것이다. 길 가다가도 하고, 화장실에서도 하고, 밥을 먹으면서 머릿속으로도 하고, 틈틈이 시도 때도 없이 해도 된다. 격식이나 형식은 필요 없다. 그냥 무조건 예수님 이름으로 드리는 것이다.

시도, 때도, 형식도, 격식도 없이 하는 기도를 하루도 쉬지 않고 2년 정도 했을 때, 시집을 간 큰딸에게서 문자가 왔다. "아빠, 기도는 아파도 쉬지 않고 하는 거래요. 주님이 그렇게 알려 주셨어요." 그 문자는 주님이 나에게 주시는 말씀 같았다.

어느 날, 잠자리에 들기 전에 기도를 드려야 하는데 컨디션이 영 좋지 않았다. 몸은 피곤하고 잠은 쏟아져 어떻게 기도를 해야 할지 고민했다. 그렇다고 안 할 수도 없고, 앉아서 할 수 있는 상태가 아니어서 반쯤 엎드려 기도를 하다가 자고 깨고를 반복했는데, 신기하게도 끊겼던 기도가 깰 때마다 순서대로 빠짐없이 이어졌다. 잠결에 정신이 오락가락하는 와중에도 '늘 드리는 기도를 빼먹지 말라고 하나님이 도우시는구나.'라는 생각이 들었다. 주시는 은혜로 기도를 끝까지 드리고 보니 내 육은 완전히 누운 상태였다.

어떤 날은 자다가 한밤중에 무슨 소리가 들려서 어렴풋이 잠을 깨어 들어 보니, 내 몸속에서, 정확하게는 배꼽 위와 가슴 아래쪽에서 기도하는 소리였다. 무슨 말을 하는 것인지는 몰랐으나, 내가 아닌 또 다른 내가 내 안에 있음을 생생하게 경험하여 너무도 신기했다. 잉태한 여인이 배 속에 자신이 아닌 또 다른 생명이 있음을 아는 것과 같이, 내가 아닌 또 하나의 내가(영) 잠든 육을 대신하여 주께 기도를 드리고 있었던 것이다. 이런 경험을 두 번 했는데, 성경 말씀대로 내 영이 나를 위해 기도를 드린 것이다.

> 사람의 일을 사람의 속에 있는 영 외에 누가 알리요 이와 같이 하나님의 일도 하나님의 영 외에는 아무도 알지 못하느니라 (고전 2:11)

> 그러면 어떻게 할까 내가 영으로 기도하고 또 마음으로 기도하며 내가 영으로 찬송하고 또 마음으로 찬송하니라 (고전 14:15)

기도원에서 회개 기도를 했던 때였다. 살아오면서 쌓이고 쌓인 죄를 2박 3일 동안 회개로 깨끗이 씻겨 주셨기에 무엇으로 감사를 드려야 할지 생각한 끝에, 기도원에서 내려오는 날 아침 한 끼 금식 기도를 드리기로 마음먹었다. 그때까지만 해도 폐결핵으로 몸이 안 좋아 한 끼라도 거르면 큰일 날 것 같은 생각에 한 끼도 금식해 본 적이 없었으니, 내게는 정말 큰 결심이었다.

아침 한 끼 금식이니 집에 가는 길에 정오쯤 점심을 먹으면 되겠다고 생각하고 함께한 집사님 차를 타고 내려오다가 시간이 되어 언양 휴게소에 들러 우동을 주문했다. 기다린 우동이 나왔을 때 시계를 보니 12시 2분 전이었다. 감사 기도를 드리고 먹으면 되겠구나 싶어 기도를 드리는데, 갑자기 지난 일이 생각났다. 오래전, 주일 학교 총무로 있을 때, 목사님께 영수증을 갖다 드릴 일이 있어서 목양실로 갔다. 그때 목사님께 별로 좋지 않은 감정을 가지고 있어서 영수증을 공손하지 않게 드렸는데, 그것이 큰 잘못임을 알게 하신 것이었다. 금식 기도를 통해서 알게 해 주신 이 회개 하나가 2박 3일 동안 은혜 덕에 해 온 수많은 회개보다 중요하다는 깨달음이 들었다.

그 후로 영의 질서에는 무언가가 있겠다는 생각을 가지게 됐고, 영계의 질서를 허물려다가 박살이 난 악한 영인 사탄의 일을 조금 더 관심을 두고 보게 되었다. 태어나서 처음으로 했던 한 끼 금식 기도에서 받은 그 회개는 나에게는 은혜 중의 은혜였기에, 오래전에 다녔던 교회 목사님께 전화하여 자세히 말씀드리고 용서를 구하였다.

감사합니다, 감사합니다, 감사합니다

2박 3일 동안 회개하면서 여러 가지를 많이 깨닫게 됐다. 그중 하나가 '현행법을 위반하는 것은 불법이며 그것이 하나님 앞에 죄가 된다'는 것이었다. 이 사실을 알고 나는 충격을 받았다. 〈도로교통법〉에 속한 속도위반, 신호 위반, 차선 위반, 횡단보도 위반 그리고 경범죄에 속하는 침 뱉기까지, 생활 속에서 자연스레 익숙해져 있었기에 충격이 컸던 것이다. 회개 전까지는 성경 말씀과 이런 사소한 세상 법과는 무관하다고 생각하였으나, 회개 후에는 그렇지 않다는 것을 깨달았다. 그러던 어느 날, 내가 깨달은 그 사실을 함께 신학을 배우던 동기 전도사에게 말할 기회가 생기게 되었다. 봉고차를 타고 울산으로 가던 길이었다.

그리고 울산에서의 모임이 끝나고 다시 부산으로 내려오던 길, 저녁이 되어 어둑어둑해진 때였다. 서두르고 싶은 마음에 120km 정도로 달리고 싶었지만, 울산 가던 길에 내 입으로 동기에게 한 말이 있었기에 답답했지만 봉고차 최고 속도 80km를 지켰다. 그때는 고속도로에서 봉고 최고 시속이 80km

였다. 다행히 동기 전도사의 집이 양산이라 양산 고속도로 갓길에 내려 준 후, 그동안의 답답함을 풀듯 액셀을 힘차게 밟았다. 그리고 1~2분 정도 지났을까. 갑자기 차가 좌우로 크게 흔들리며 휘청거리기 시작했다. 나는 무섭고 당황하여 어쩔 줄을 몰라 하며 핸들을 이쪽저쪽으로 꺾어 댔다. 그런데 나도 모르게 입에서는 "감사합니다, 감사합니다, 감사합니다."라는 말이 계속해서 나오는 것이다. '어째서 이런 순간에 감사의 말이 나온 것인가?' 하는 생각과 함께 깨달음이 있었다. 친구가 보고 있을 때는 속도를 잘 지키는 척 80km로 달려 놓고 친구가 내리자마자 언제 그랬냐는 듯 속도를 위반했으니, 이를 보신 주님께서 '네가 사람 앞에서는 그럴싸하게 행동하고 혼자 있을 때는 불법을 행하는구나. 이것은 위선이다.'라는 것을 알게 하시려고 타이어를 터뜨리시어 나의 가증을 알려 주신 것이고, 그러니 이에 감사하라고 성령님께서 내 입술을 움직여 연이어 감사가 나오게 하신 것이었다. 주님은 이스라엘에서 사람들에게 존경받는 지도자 바리새인을 가리켜 위선자라 하시며 책망과 저주를 쏟아붓기도 하시지 않았던가.

화 있을진저 외식하는 서기관들과 바라새인들이여 회칠한 무덤 같으니 겉으로는 아름답게 보이나 그 안에는 죽은 사람의 뼈와 모든 더러운 것이 가득하도다 (마 23:27)

이와 같이 너희도 겉으로는 사람에게 옳게 보이되 안으로는 외식과 불법이 가득하도다 (마 23:28)

화 있을진저 너희 바리새인이여 너희가 회당의 높은 자리와 시장에서 문안 받는 것을 기뻐하는도다 (눅 11:43)

내가 너희에게 이르노니 너희 의가 서기관과 바리새인보다 더 낫지 못하면 결코 천국에 들어가지 못하리라 (마 5:20)

5

회개시키시고 성찬을 하게 하신 주님

결핵 요양원에서 퇴원하고 집으로 돌아온 지 얼마 되지 않아, 곧 다가온 크리스마스 때였다. 크리스마스에 세례를 받은 자는 예배 후 성찬을 한다고 하여 앉아서 기다리는데, 성찬을 돕던 한 집사님이 조그마한 떡들이 담긴 스테인리스 용기를 들고 다니며 나누어 주셨다. 내 차례가 되어 떡을 집어 드는데 "먹지 말라."라고 나지막한 음성으로 주가 말씀하셨다. 순간 매우 당황했다. 집어 든 떡을 다시 내려놓자니 앞에 서 있는 집사님께 죄송했고, 그렇다고 주께서 먹지 말라 하신 것을 먹을 수도 없었기에, 하는 수 없이 떡을 입에다 넣고는 그냥 물고 있다가 집사님이 가신 후에 슬며시 뱉어 호주머니에 넣었다. '이상하다. 왜 못 먹게 하시지?' 그런 생각을 하고 있었는데, 다음은 포도주였다. 하지만 포도주 역시 "먹지 말라."라고 하셨고, 입 안에 머금고 있다가 몰래 손바닥에 뱉어 호주머니 속에 부어 버렸다. 다행히 겨울이라 외투가 두꺼워 티가 나지는 않았다. 부활절처럼 얇은 옷을 입고 있을 때였다면 참으로 난처했을 것이다. 먹지 말라는 말씀을 참으로 절묘한 순간에 하셨다 싶었다. 앞아 기다릴 때 말씀하셨다면 성찬을 하려고 앉아 기다렸으면서 다시 일어나서 나가기도 좀 그랬을 것이다. 그런데 손으로 떡을 집는 순간 말씀하셨기에 쥐도 새도 모르게 성찬을 안 하면서도 한 것처럼 할 수 있었다. 세례를 받은 성도라면 당연히 먹고 마셔야 할 성찬의 떡과 포도주를 왜 나에게 못 먹게 하셨는지도 모른 채, 그날 후로는 일절 성찬을 하지 않고 지냈다. 그때가 결핵을 앓은 첫해였으니 7년간 성찬을 하지 않은 것이었다.

그러다가 결핵을 앓은 지 7년이 되던 해였다. 같은 교회를 다니는 집사님이 기도원에 가신다고 같이 가자 하셔서 따라간 기도원에서 기도했을 때 잘못한 것만 생각나고 또 잘못한 것이 생각나는 대로 기도를 하다 보니 앞서 말한 대로 다른 기도는 일절 없이 오직 회개 기도뿐이었다. 그렇게 2박 3일 동안 회개만 하고 집으로 돌아온 지 3일째 되는 날이었다. 갑자기 어떤 사람이 돈을 받으러 왔다면서 찾아왔는데, 사정을 말하고 돌려보낸 후 얼른 방으로 들어가 주님께 "주님, 제가 잘못했습니다." 하고 기도를 올렸다. 빚을 받으러 온 사람을 보고 생각난 것이 있어서였다. 기도원에서 2박 3일 동안 회개 기도만 하다 보니 조금은 지쳤고, 회개가 끝도 없이 나와서 이제 그만해도 되겠다는 생각으로 회개를 중단한 것이 생각나 그에 대해 회개 기도를 드린 것이었다.

며칠 있으니 또 누가 받을 돈이 있다고 찾아왔는데, 이번에도 사정을 말하고 돌려보낸 후 며칠 전과 같은 기도를 다시 드렸다. 회개 기도를 중단하지 않고 계속 드렸다면 빚 문제에 대해서도 남의 돈을 쉽게 생각하고 쓴 잘못을 알게 하시어 회개하게 하셨을 텐데, 기도를 중단해 회개하지 못했으니 사람을 보내셔서 알게 하신 것이다. 그렇게 기도원에서 회개하고 돌아온 지 한 달

정도 지났을까. 전도사님에게서 전화 한 통이 왔다. 수요 예배 때 대표 기도를 하라는 말씀이었다. 그때까지 한 번도 대표 기도 형식으로 기도를 드려 본 적이 없어서 못 하겠다고 하니 거의 막무가내로 꼭 와서 기도를 하라고 하셨다. 연세가 있는 전도사님이 개척하신 작은 교회라 더는 거절하지 못하고 그렇게 하겠다고 하고 갔는데, 다른 교회 목사님이 오셔서 성찬을 하도록 준비해 놓고 계셨다. 그것을 본 순간, 저절로 "아!" 하는 소리가 나올 수밖에 없었고, 말로 다 할 수 없는 엄청난 큰 감격이었다. 주님이 그동안 성찬을 못 하게 하셨다가 기도 구실로 불러내어 7년 만에 성찬을 하도록 하신 것이다. 7년 전에 왜 성찬을 못 하게 하셨는지를 그날 비로소 알게 되었다. 7년 전 회개 없이 성찬을 하려는 나를 막으신 것은 바로 이 말씀 때문이었다.

> 그러므로 누구든지 주의 떡이나 잔을 합당하지 않게 먹고 마시는 자는 주의 몸과 피에 대하여 죄를 짓는 것이니라 사람이 자기를 살피고 그 후에야 이 떡을 먹고 이 잔을 마실지니 주의 몸을 분별하지 못하고 먹고 마시는 자는 자기의 죄를 먹고 마시는 것이니라 그러므로 너희 중에 약한 자와 병든 자가 많고 잠자는 자도 적지 아니하니 (고전 11:27~30)

성찬 때 솟아오르는 기쁨과 감격에 얼마나 감사를 했는지, 성찬을 하고 와서 그때의 감격을 이야기했더니 집사람이 교회에서 새벽 기도를 한번 드려 보라고 했다. 처음으로 하는 새벽 작정 기도라 이왕이면 제대로 하고 싶어 50일 작정 기도를 하기로 했다. 다행히 작정 기도를 어떻게 하는 것인지 기도원에서 어떤 권사님의 간증을 들어서 잘 알고 있었다. 그때 그 권사님이 간증하시기를, 새벽 작정 기도를 시작하고 잘 드리다가 어느 날 3분 정도 늦게 도착하여 기도를 드리는데, 기도 중에 쌓여 있던 벽돌이 우르르 무너지는 것을 보여 주셨다고 한다. 작정 기도는 첫째도 둘째도 시간 엄수다. 비가 오나 눈이 오나 빠지지 않고 해야 한다는 것을 알았다. 처음으로 하는 50일 새벽 작정 기도인 데다 권사님의 간증도 생각이 나고 해서 알람 시계를 머리맡에 두고 시작한 기도는 출발부터 매우 뜨거웠다. 새벽 기도를 드리던 성도들이 다 나가고 나면, 강대상으로 올라가 혼자 부르짖고 또 부르짖었다.

그렇게 순조롭게 잘 되어 가던 어느 날, 눈을 뜨고 보니 5시 12분이었다. 알람 시계 소리가 들리지 않았는데 어찌 된 일이란 말인가! 너무 놀라서 어쩔 줄을 몰랐고, 온갖 생각이 다 들었다. 첫째도 둘째도 시간 엄수라던 작정 기도인데 시간이 늦어 버렸고, 그렇다고 포기하고 내일부터 다시 시작하려니 그동안 해 온 시간이 아까웠다. 이런저런 고민 중에 잠이 깼고, 늦었지만 기도는 드리는 것이 낫겠다 싶어 교회로 가서 기도를 열심히 드리고 있었다. 그런데 갑자기 가슴 아래쪽에서 아주 급하게 무엇인가 꿈틀거리고 올라오면서 소리를 치는데 이 말씀이었다.

> 그가 채찍에 맞음으로 우리가 나음을 받았도다 (사 53:5)

말씀이 꿈틀거리고 소리치며 연속적으로 올라오는 것이다. 마치 오바이트를 하는 느낌으로 올라왔다. 참으로 신기하고 놀라워 어안이 벙벙하면서 생각했다. '지금 이것은 내가 하는 것이 아니다. 분명히 아니다. 분명 성령께서 하시는 것이다. 그렇다면 7년 동안 앓았던 지긋지긋한 폐결핵을 주님이 맞으신 채찍 자국으로 정말 고쳐 주시는 것이구나.' 그런 생각으로 꿈인지 생시인지 알 수가 없을 만큼 기뻤다. 엄청 기뻤다. 정말 기뻤다. 날아가고 또 날아갈 것 같은 새벽이었다. 각혈을 할 때마다 모진 목숨 지켜 주시더니, 주님이 맞으신 채찍 자국으로 이제 완전히 고쳐 주신 것이다. 그동안 "그가 채찍에 맞음으로 우리가 나음을 입었도다."를 수없이 외쳤고 "믿습니다!"도 수없이 외쳤는데, 그 말씀이 새벽 기도에 이렇게 역사를 하신 것이다.

그날 새벽에 알람 시계는 고장 난 것이 아니었다. 다음 날 정확하게 울렸다. 왜 그날은 못 들었을까? 그것은 악한 영의 방해였다. 알람 시계가 안 들린 그날 기도 시간에 주님이 나를 치유시켜 주실 것을 악한 영이 알았지만 주님이 하시는 일을 막을 수는 없으니 내가 주님 것을 받을 수 없도록, 알람 소리를 들을 수 없게 귀를 막은 것이다. 내가 기도원에서 권사님께 "작정 기도는 시간이 중요하다."라는 간증을 들었음을 알고, 기도 시간이 지나면 기도를 포기할 것이라 생각한 것이 분명하다. 그날 시간이 지났다고 기도를 포기했다면 어떻게 됐을까? 주님께서 준비하신 치유의 은혜는 받지 못한 채, 그렇게 살았을 것이다.

기도원을 다니면서 떠돌이 생활을 하던 장년이 있었다. 1년에 한두 번은 우리 교회에서 예배를 드리곤 했는데, 어느 날 그가 와서 함께 찬송 305장 2절을 불렀다. 그런데 그가 갑자기 손을 들더니 "목사님, 이 교회에서 나가라고 합니다." 하는 것이었다. 누가 나가라고 하느냐고 물었더니 자신의 몸속에서 그런다고 하여 악한 영이 예배를 못 드리게 방해하는 것임을 알고 예수 이름으로 잠잠해지라고 명하고 찬송을 이어서 불렀다. 그리고 말씀을 전하는데, 또 그가 말하기를 "귀에 아무것도 안 들립니다." 하여 다시 예수의 이름으로 명하여 들리도록 하고 예배를 드렸다. 장년에게 악한 영이 자리 잡은 지 오래되었고, 그러다 보니 그가 어디에 있든 은혜를 받을 만하면 그곳에서 떠나도록 하여 전국을 떠돌게 한 것이었다. 그날은 장년 안에 있는 악한 영이 다급하여 말을 하였으나, 보통은 죄로 물든 육에서 나오는 잘못된 생각을 따라 행동하게 된다. 그러나 이 장년의 경우는 악한 영이 완전히 진을 친 것이다.

6

주님 일을 하고 싶어
은사를 달라고 부르짖다가 뒤통수를 맞다

초등학교 때부터 마흔까지 살아오면서 저지른 잘못된 것을 토해 내는 회개를 시켜 주셨고, 7년 동안 못 한 성찬을 회개 후에 하게 하셨다. 새벽 기도 중에는 7년을 앓아 오던 폐결핵을 고쳐 주시기도 했다. 이런 은혜들이 시차를 두고 연속으로 있었다. 그러다 보니 아무것도 모르는 와중에도 주님 일을 해야겠다는 생각이 들었다. 어떻게 하면 주님 일을 잘 할 수 있을까 고민한 끝에 떠오른 것이 각종 은사였다. 은사가 많으면 자연스럽게 전도가 잘 될 거라는 생각으로 새벽 작정 기도 시간에 은사를 달라고 침이 튀고 목이 쉬도록 부르짖는데 주께서 "전세금 빼서 빚 갚으라."라고 하셨다. 주님 일을 하고 싶어 은사를 달라는 자에게 전세금 빼서 빚 갚으라니, 전혀 맞지 않는 말씀인 것 같아 '어, 이게 무슨 말씀이지?' 하는 생각이 드는 찰나에, 무엇인가를 깨달았다. 그 깨달음에 마치 뒤통수를 세게 맞은 것 같았고, 뜨거웠던 기도에 찬물을 부은 것처럼 기도 열정도 한 방에 사라졌다. 그러면서 한편으로는 '내가 하나님을 잘못 알고 있었구나. 나를 올바른 사람으로 만들려고 하시는 거구나.'라는 깨달음이 들었고 "아!" 하는 소리가 절로 나왔다.

비록 몸이 아파서 빚은 졌으나, 전세금을 빼서 갚겠다는 생각은 꿈에도 해본 적이 없었다. 사채를 쓴 것도 아니고 빚 독촉을 받는 것도 아닌데 전세금까지 빼서 갚으라 하시니 고민될 수밖에 없었지만, 말씀에 순종하도록 이끌어 주셨으므로 결국 그렇게 하기로 했다. 주님 일 잘 할 테니 은사를 달라고 부르짖던 나에게 전세금을 빼서 빚을 갚으라고 하신 그 말씀이 없었다면, 어쩌면 나는 긴 시간을 빛 좋은 개살구 같은 믿음으로 살아왔을지도 모른다.

예루살렘 성전이 떠오른다. 헤롯왕이 유대인에게 환심을 얻으려고 지어 준 성전은 매우 화려했다고 한다. 벽은 황금으로 장식된 백색 대리석이었고, 아침에 떠오르는 햇살이 반사되면 그 빛이 화려하기 이를 데 없었다고 한다. 그러나 성전 속은 아름다운 겉모습과 다르게 매매하는 장사꾼들이 가득하였고, 장사 이권에는 대제사장 등이 있었다고 한다. 오죽했으면 주님이 성전에서 매매하는 이들의 기물들을 엎으시고 채찍으로 쫓아내셨겠는가.

> 노끈으로 채찍을 만드사 양이나 소를 다 성전에서
> 내쫓으시고 돈 바꾸는 사람들의 돈을 쏟으시며 상을
> 엎으시고 (요 2:15)

그리고 이런 말씀도 하셨다.

> 기록된 바 내 집은 기도하는 집이라 일컬음을 받으
> 리라 하였거늘 너희는 강도의 소굴을 만드는도다 하
> 시니라 (마 21:13)

이런 예루살렘 성전처럼 겉과 속이 다른 나에게 전세금을 빼서 빚을 갚으라고 하셨으니, 그 말씀이 얼마나 큰 은혜인가. 그 말씀이 없었다면 겉치레하는 종으로 있었을지도 모른다. 주님이 말씀을 가르치는 바리새인들에게 하신 말씀이다.

> 화 있을진저 외식하는 서기관들과 바리새인들이여
> 잔과 대접의 겉은 깨끗이 하되 그 안에는 탐욕과 방
> 탕으로 가득하게 하는도다 눈 먼 바리새인이여 너는
> 먼저 안을 깨끗이 하라 그리하면 겉도 깨끗하리라
> (마 23:25~26)

이런 말씀도 하셨다.

> 또 이르시되 사람에게서 나오는 그것이 사람을 더럽
> 게 하느니라 속에서 곧 사람의 마음에서 나오는 것
> 은 악한 생각 곧 음란과 도둑질과 살인과 간음과 탐
> 욕과 악독과 속임과 음탕과 질투와 비방과 교만과
> 우매함이니 이 모든 악한 것이 다 속에서 나와서 사
> 람을 더럽게 하느니라 (막 7:20~23)

하나님은 사람의 마음을 가리켜 이렇게도 말씀하셨다.

> 만물보다 거짓되고 심히 부패한 것은 마음이라 누가
> 능히 이를 알리요마는 (렘 17:9)

인간이 얼마나 썩었으면 만물보다 거짓되고 심히 부패한 것이 마음이라고 하셨겠는가. 이를 모르고 은혜 좀 받았다고 주님 일을 할 거라고, 무턱대고 은사를 달라고 했으니 일의 순서를 모르고 덤빈 꼴이었다. 나의 영적 무지를 깨는 가장 좋은 외통수가 "전세금 빼서 빚 갚으라."라는 말씀이었다.

그렇게 빚을 갚고 신학을 하면서 창원에서 개척을 시작했는데, 그때가 신학 1학년 1학기 때라 정말로 아무것도 모르고 맨땅에 헤딩하는 식이었다. 7~8개월이 지나고 나니 도저히 더는 못 하겠다 싶었다. 앞으로 무엇을 해서 먹고살아야 하나 궁리해 보았지만, 돈 한 푼 없으니 앞이 캄캄했다. 그래도 어쨌든 개척은 더 못 하겠다 싶어 포기하기로 한 그날, 작은딸이 교통사고를 당하였다. 이 소식을 듣고 개척은 포기하면 안 되겠다 싶었다. 겁이 나서 어쩔 수 없이 '죽으나 사나 해야 하는 것이구나.' 하고 버티고 나가기로 했다.

1학년 2학기를 마치고 겨울 방학이 끝날 무렵, 개강일이 다가오면서 걱정이 됐다. 2학기 등록금을 다 내지 못했으니 학교 가기가 더욱 싫었다. 눈치도 보이고 민망스럽기도 해서 주님께 기도를 드렸다.

"주님, 제가 학교에 전화하여 사정을 말하고 기다려 달라고 해야겠지만, 저를 꼭 끝까지 졸업시키시겠다면 학교에서 먼저 학비 걱정 말고 개강 때 오라는 전화가 걸려 오게 해 주세요."

다음 날, 교무처장 목사님에게서 전화가 왔다. 놀랍게도 기도를 드린 대로였다.

개척할 때, 나는 성경 말씀도 제대로 읽어 보지 못한 생짜배기였다. 그때 개척이 나를 위한 훈련인지는 꿈에도 모르고 했었다. 힘들었다. 정말로 힘들었다. 전세금을 빼서 빚을 갚으라고 하셨을 때 '나를 바꾸려고 하시는구나.' 하고 깨닫기는 했지만, 깨닫는다고 말씀에 순종하는 것은 아니었다. 전세금으로 빚을 갚게 하여 완전히 빈털터리로 만드시고 도망갈 길 없도록 차단을 시켜 놓고 개척을 하게 하셨으니, 나도 모르게 제대로 된 연단의 길로 들어간 셈이었다. 그 길이 바로 이스라엘 백성이 간 광야 길이었다. 하나님이 왜 이스라엘 백성을 광야로 들어가게 하셨는지 그 이유를 이렇게 말씀하셨다.

> 네 하나님 여호와께서 이 사십 년 동안에 네게 광야 길을 걷게 하신 것을 기억하라 이는 너를 낮추시며 너를 시험하사 네 마음이 어떠한지 그 명령을 지키는지 지키지 않는지 알려 하심이라 너를 낮추시며 너를 주리게 하시며 또 너도 알지 못하며 네 조상들도 알지 못하던 만나를 네게 먹이신 것은 사람이 떡으로만 사는 것이 아니요 여호와의 입에서 나오는 모든 말씀으로 사는 줄을 네가 알게 하려 하심이니라 (신 8:2~3)

> 네 조상들도 알지 못하던 만나를 광야에서 네게 먹이셨나니 이는 다 너를 낮추시며 너를 시험하사 마침내 네게 복을 주려 하심이었느니라 (신 8:16)

광야가 고난의 길인 것은 광야에서 우리가 가진 죄와 허물이 드러나게 되는데, 드러난 죄와 허물들로 인하여 따라오는 것이 고난이기 때문이다. 그래서 광야를 고난 길이라고 한 것이다. 제아무리 타락된 육의 못된 기질이라도 고난 앞에서는 숨도 크게 못 쉴 만큼 겸손하고 조용해진다. 고난이 말씀에 순종하도록 하는 것이다. 주님께 간섭을 받을 때면 어쩜 그렇게도 잘못된 생각들을 콕 짚어 내시는지 기절초풍할 정도였다. 그래서 주님께 "과연 하나님은 하나님이십니다." 하고 기도를 드린 적도 있다.

하나님께는 두 손 두 발 다 들었지만, 내가 가진 죄의 힘도 가당찮았다. 꿈틀거리는 나의 죄의 힘을 누르기 위해 주님이 가하시는 힘은 정말 엄청났다. 손바닥 20대를 맞으면 될 것 같은데 1,000대를 맞는 것 같았고, 종아리 10대면 될 것 같은데 500대를 맞는 것 같았다. 결핵이 재발했을 때 합병증으로 죽을 수 있다고 하여 잔뜩 긴장해 온갖 생각이 머리를 스치고 있을 때 "너는 영원히 살 수 있다."라고 하시면서 총천연색의 뜨거운 햇살이 내리쬐는 모래사막을 보여 주신 것도 다 이유가 있었다. 결핵이 재발했을 때 모래사막 광야를 보여 주신 것은 내가 가야 할 광야였던 것이다. 내 광야는 폐결핵이 재발한 시점부터 개척으로 이어 갔다.

> 너를 인도하여 그 광대하고 위험한 광야 곧 불뱀과 전갈이 있고 물이 없는 간조한 땅을 지나게 하셨으며 또 너를 위하여 단단한 반석에서 물을 내셨으며 (신 8:15)

불뱀과 전갈은 성도가 가진 독을 말한다. 이 독을 성도가 다양하게 뿜어내게 되는데, 이로 인해 오는 고난으로 성도는 잘못을 깨달아 알게 된다. 이스라엘 백성들의 광야 40년은 인간이 가진 독을 못 쓰게 하는 연단이었듯, 예수 그리스도를 영접한 성도라면 어김없이 이스라엘 백성이 갔던 객관적 광야 길을 주관적으로 경험하게 될 것이다.

'경험하게 된다'고 말한 것은 그 옛날 이스라엘 백성이 광야에서 불순종했던 것처럼 성도들도 독사의 독과 전갈의 독을 뿜어내게 될 것이기 때문이다.

독을 가진 육이 하나님 말씀에 순종하는 것은 결코 쉬운 것이 아니다. 전세금을 빼서 빚을 갚으라는 말씀을 하셨을 때 도저히 순종할 수가 없었다. 이틀 후 다시 같은 말씀을 하셨다. 한 번만 하셨더라도 부담이 없었을 텐데, 다시 같은 말씀을 들었으니 빼기는 빼야겠는데, 그럼 우리 식구들은 어디서 살아야 할지 염려가 돼 차일피일 미루다 큰 사고가 있었다. 내 봉고차로 앞 승용차를 들이받는 바람에 승용차가 튕겨 나가 버스를 박은 것이다. 이 사고로 인해 '더는 미루면 안 되겠다.'라는 생각이 들어 급히 전세금을 빼서 빚을 갚았고, 걱정과 달리 갈 곳은 준비되어 있었다.

차 사고는 "좋은 말로 할 때 들어야지."라는 경고였다. 하나님 자녀는 누구든 광야로 갈 수밖에 없다. 광야를 통과하지 않고 거룩한 삶을 살 수 있는 방법은 없다.

광야는 성도가 반드시 가야 할 길이다.

7

발을 씻기시는 예수님

유월절 만찬을 하시고 제자들의 발을 씻기시기 위해 자리에서 일어나신 주님은 먼저 베드로의 발부터 씻기시려 했다. 이러시면 안 된다고 만류하는 베드로에게 "내가 네 발을 씻겨 주지 않으면 너는 나와 상관이 없다."라고 하셨다. 무엇이 베드로를 예수님과 상관이 없게 할까? 회개다.

주님이 발을 씻겨 주시는 것이 회개를 의미함을 몰랐던 베드로는 스승이 제자의 발을 씻기는 것이 상식에 맞지 않으니 거부할 수밖에 없었을 것이다. 그러나 주님이 하신 말씀에 놀란 베드로는 내 발뿐 아니라 손과 머리도 씻겨 달라고 하였으나, 주님은 "목욕한 자는 발밖에 씻을 필요가 없느니라."라고 하시면서 온몸은 깨끗하다고 하셨다. 여기서 '목욕'이란, 예수님이 십자가에서 쏟아 내신 옆구리의 피로 성도의 모든 죄와 허물을 깨끗하게 덮으셨다는 말씀이다. 하지만 죄의 기질을 가진 육이므로, 육의 욕구로 죄를 범했다면 회개는 반드시 해야 한다는 것을 보여 주시기 위해 제자들의 발을 씻겨 주신 것이다.

제자들의 더러운 발을 씻겨 주셨을 때, 틀림없이 일반적으로 발을 씻는 방법과는 다르게 보이지 않는 곳, 발가락 사이 감추어진 더러운 곳도 깨끗하게 씻겨 주셨을 것이다. 회개란 깊게 묻힌 것까지 깨끗하게 씻어 내는 것이기 때문이다. 주님이 발을 씻겨 주실 때 어리둥절한 베드로에게 이런 말씀도 하셨다. 지금은 발을 씻겨 주는 의미를 모르지만, 이후에 알게 될 것이라고(요 13:7). 성령께서 회개시켜 주실 때에야 '주께서 발을 씻겨 주신 것이 회개를 의미한 것이구나.'라고 깨닫게 될 테니 '나중에'라고 하신 것이다.

하나님이 유월절 다음 날을 무교절로 제정하신 것도 까닭이 있다. 이스라엘 백성은 무교절이면 평소 즐겨 먹던, 누룩이 든 말랑하고 맛있는 빵이 아니라, 누룩이 들지 않은 딱딱하고 맛없는 빵을 먹으면서 집 안 구석구석, 심지어 쥐구멍까지 혹시 있을지 모를 누룩 조각을 찾아내 모두 불에 태웠다고 한다. 누룩은 곧 죄를 상징하므로, 무교절에 누룩이 든 빵을 못 먹게 한 것은, 무교절이 회개를 의미하기 때문이다. 유월절이 십자가에서 돌아가실 예수님을 상징한다면, 무교절은 예수님 피로 목욕한 성도에게 필수가 된 회개의 상징이다.

성령이 성도에게 임하시면 무교절에 누룩을 없애던 것처럼 성도의 죄와 허물을 깨끗이 회개시켜 주시지만, 성도의 육이 가진 죄의 기질 때문에 회개시킬 '때'를 보신다. 때를 보시는 것은 20대, 30대, 40대, 50대, 60대, 나이에 따라 육의 욕구가 다르기 때문이다. 예를 들자면, 어릴 때부터 말씀으로 훈련받지 못한 20대 초신자에게 간음죄를 회개시켜 주시면 청년은 간음이 무서운 죄인 줄 분명 알게 된다. 그러나 간음이 죄임을 알면서도 청년의 정욕에 눌려 어쩔 수 없이 죄를 범할 수 있으므로 훈련받은 대로, 또는 믿음의 깊이대로 각자의 회개의 때가 다 다를 수 있는 것이다.

베드로의 회개

예수님이 대제사장과 백성의 장로들이 보낸 무리에게 잡혀가시기 몇 시간 전, 제자들에게 말씀하시기를,

> 작은 자들아 내가 아직 잠시 너희와 함께 있겠노라
> 너희가 나를 찾을 것이나 일찍이 내가 유대인들에게
> 너희는 내가 가는 곳에 올 수 없다고 말한 것과 같이
> 지금 너희에게도 이르노라 (요 13:33)

'너희는 내가 가는 곳에 올 수 없다'고 하신 것은, 주님이 십자가에 돌아가실 것을 유대인들에게 에둘러 하신 말씀이었다. 유대인들에게 하신 말씀이 제자들에게도 적용된다고 하시니 말씀을 들은 제자들은 이해하기가 어려웠을 것이다. 그래서 베드로가 주님께 "주여, 어디로 가시나이까(요 13:36)" 하니, 말씀하시기를,

> 내가 가는 곳에 네가 지금은 따라올 수 없으나 후에
> 는 따라오리라 (요 13:36)

지금은 주를 잘 따르는 베드로이다. 그런데 따라올 수가 없고 '훗날에 따라온다'고 하신 말씀은, 주님이 십자가에서 돌아가시듯 나중에 베드로도 주님의 길을 가야 하기 때문이다. 그러나 역시 무슨 말씀인지 알지 못한 베드로는, 자신은 육신의 삶이 필요로 하는 모든 것을 버리면서까지(마 19:27) 주님을 따르는데도 '지금은 따라올 수 없다'고 하시니 많이 섭섭했던 모양이다. 그래서 베드로는 자신 있게 말씀드리기를,

> 내가 주와 함께 옥에도 죽는 데에도 가기를 각오하
> 였나이다 (눅 22:33)

베드로는 주님을 위하여 자신의 목숨도 버릴 준비가 되어 있다고 하였다. 그러나 주님의 말씀은 달랐다. 베드로에게 말씀하시기를,

> 시몬아 시몬아 보라 사탄이 너희를 밀 까부르듯 하
> 려고 요구하였으나 (눅 22:31)

그리고 또 이런 말씀도 하셨다.

> 이르시되 베드로야 내가 네게 말하노니 오늘 닭 울기 전에 네가 세 번 나를 모른다고 부인하리라 하시니라 (눅 22:34)

주님을 위해 죽을 각오를 하고 있다는 베드로에게 "오늘 닭이 울기 전에 세 번 나를 모른다고 부인하리라"라고 말씀하신 것은 사탄이 베드로를 밀 까부르듯 가지고 놀게 되면 베드로는 주님을 모른다고 세 번 강하게 부인할 것인데, 그때가 닭이 울기 전이라고 하신 것이다. 그리고 몇 시간 후, 주님이 무리에게 잡혀 대제사장 집으로 끌려가실 때, 주님을 위해 목숨을 바치겠다고 호언장담했던 베드로는 겁을 먹었는지 잡혀가시는 주님 뒤를 가까이에서는 못 따라가고 멀리서 따라갔다(눅 22:54). 또한, 대제사장 집으로 잡혀 오신 예수님에 대하여 수군거리는 무리가 모인 곳에서 함께 불을 쬐며 동향을 살피다가 한 여인이 베드로를 가리키며 '이 사람도 저(예수)를 따라다녔던 자'라고 살벌한 분위기로 몰아세우자, 놀란 베드로는 "나는 저자를 모른다."라고 스승 예수님을 극구 부인하였다. 놀란 가슴을 쓸어내리는 베드로를 또 한 사람이 가리키며 '저를 따라다닌 당의 사람'이라고 몰아붙이자 바짝 긴장한 베드로는 더욱 격렬히 "나는 저 자를 모른다."라고 부인하면서 두 번의 위기를 모면하였다.

그러나 한 시간 후 나타난 세 번째 사람은 달랐다. 이 사람은 확신에 찬 목소리로 베드로를 갈릴리 사람이라고 하며 출신 지역까지 들먹였고, 잡혀 계시는 주님을 가리키며 저자와 함께 있었던 것을 보았다고, 정말이라고 하였다(눅 22:59). 베드로는 가슴이 철렁 내려앉을 수밖에 없었을 것이다. 이때 베드로는 무슨 생각을 했을까? 잡혀가신 주님과 달리 자신은 아직 자유로운 몸이고 살아 있는 몸이다. 그렇다면 살기 위해서는 무엇이라도 해야 했고, 단순히 주님을 모른다고 부인해서 될 상황은 아님을 직감했을 것이다. 그래서 살기 위해 할 말, 못 할 말을, 거친 갈릴리 뱃사람들이 쓰는 저주의 말로 주님을 향해 순식간에 퍼붓고 또 퍼부었을 것이다. 베드로가 주님과 함께 있는 것을 보았다고 확신으로 몰아붙인 사람도, 베드로가 주님을 향해 무서운 저주의 말을 하는 것을 보고 이 사람이 아닌가 하고 헷갈렸을 것이다.

주님이 말씀하신 대로 사탄이 베드로를 밀 까부르듯 까불렀다. 한마디로 베드로를 가지고 논 것이다. 사탄은 세 사람을 이용하여 베드로를 완전히 묵사발을 냈는데, 세 번째 사람은 베드로가 갈릴리 사람임을 알고 있었다. 또 예수님을 따라다녔던 것이 정말이라고 했을 때, 베드로는 순간 '나도 스승같이 잡혀가는 것이 아닐까?' 하고 생명의 위협을 느껴 두려워했다. 이 순간을 포착한 사탄이 죽음의 공포를 불어넣었고, 베드로는 살고 싶다는 일념으로 인정사정없이 주를 향한 저주를 퍼부었던 것이다. 그리고 나서 살았다고 한숨 돌린 베드로였으나, 실상은 사탄에게 휘둘릴 대로 휘둘려 박살이 났다.

처참하게 깨진 제자 베드로를 위하여, 주님은 붙잡혀 계신 몸으로 멀리서 베드로를 바라보셨고, 주님의 눈을 마주한 베드로는 갑자기 조금 전에 흘려 들었던 닭 울음소리가 생생하게 생각났다. 또한 닭이 울기 전에 세 번 나를 부인할 것이라고 하신 주님 말씀이 떠오르면서 자신이 무슨 말로 어떻게 주님을 부인했는지를 알고는 밖으로 나가 대성통곡하였다. 이것이 주가 주신 회개의 은혜이다. 어쩌면 베드로는 이때 주님이 발을 씻겨 주신 의미를 깨닫게 되었는지도 모른다.

> 주께서 돌이켜 베드로를 보시니 베드로가 주의 말
> 씀 곧 오늘 닭 울기 전에 네가 세 번 나를 부인하리라
> 하심이 생각나서 밖에 나가서 심히 통곡하니라 (눅
> 22:61~62)

회개는 은혜로 하는 것이다. 주께서 제자들의 더러운 발을 씻겨 주셨듯이 성도의 죄를 씻겨 주실 때 회개가 되는 것이다. 주님이 열두 제자에게 "너희는 나를 누구라고 생각하느냐?"라고 물으셨을 때 베드로가 말씀드리기를,

> 주는 그리스도시요 살아 계신 하나님의 아들이시니
> 이다 (마 16:16)

베드로의 말을 들으시고 주님께서는 "네가 한 그 말은 네가 스스로 나를 알아서 한 말이 아니다. 혈과 육을 가진 사람이 스스로 나를 알 수는 없다. 그런데 네가 나를 알았으니, 알도록 하신 이는 하나님 아버지시다. 하나님 아버지에게 은혜받은 네가 복이 있구나." 하셨다.

> 바요나 시몬아 네가 복이 있도다 이를 네게 알게 한
> 이는 혈육이 아니요 하늘에 계신 내 아버지시니라
> (마 16:17)

베드로가 알 수 없는 것을 하늘에서 주신 은혜로 안 것처럼, 회개란 그런 것이다. 그래서 회개하는 자는 복 있는 자이다. 베드로가 주님이 잡혀가시기 전까지만 해도 주를 위해 옥에도 갈 수 있고 죽음도 준비되었다고 호언장담할 수 있었던 것은 아직 사탄의 사악함을 모르던 때였기 때문이다. 훗날 많은 경험을 한 사도 베드로는 성도에게 이르기를, '마귀가 성도들을 삼키려고 찾아다닌다' 하였다.

> 근신하라 깨어라 너희 대적 마귀가 우는 사자 같이
> 두루 다니며 삼킬 자를 찾나니 (벧전 5:8)

선악과를 먹고 타락된 육이 언제 마귀에게 걸려들어 죄를 범할지 모르기 때문에 회개의 은혜는 반드시 누려야 한다. 회개는 한 번 했다고 끝나는 것이 아니다. 숨 쉬고 살아 있는 동안 계속해야만 하는 것이다. 그래서 주님이 말씀하셨다.

> 만일 하루에 일곱 번이라도 네게 죄를 짓고 일곱 번
> 네게 돌아와 내가 회개하노라 하거든 너는 용서하라
> 하시더라 (눅 17:4)

9

모세의 회개

양을 치던 모세가 불붙은 떨기나무가 타지 않는 것을 신기하게 여겨 떨기나무 쪽으로 가까이 갔을 때, 여든 살의 모세를 향한 하나님의 첫 말씀은 '신을 벗으라'는 것이었다. 이는 하나님이 모세를 부르시기 위해 호렙산 떨기나무 가운데 불의 형상으로 현현(顯現)하신 것이다.

> 하나님이 이르시되 이리로 가까이 오지 말라 네가 선 곳은 거룩한 땅이니 네 발에서 신을 벗으라 (출 3:5)

죄를 보시면 노가 치밀어 오르시는 하나님께서 죄악의 육을 가진 모세에게 '신을 벗으라'고 하신 말씀은 '회개하라'는 말씀이다. 많은 나무 중 떨기나무를 사용하신 것은, 떨기나무는 밑동에서부터 가지를 치고 가시까지 많아 아무 볼품도, 쓸모도 없는 나무이기 때문이다. 이런 떨기나무를 사용하신 의미를 아담과 하와에서 볼 수 있다. 아담과 하와는 하나님의 형상으로 창조되었다. 그러나 악한 영, 사탄에 속은 하와가 먹으면 죽는다는 선악과를 먹었고, 이어서 아담도 하와를 따라 선악과를 먹으면서 두 사람은 하나님의 형상에서 악한 영, 사탄의 형상으로 변질되었다. 하나님은 그들에게 이런 말씀을 하셨다.

땅이 네게 가시덤불과 엉겅퀴를 낼 것이라 (창 3:18)

가시덤불과 엉겅퀴를 낸다는 것은 하나님이 두 사람을 위하여 아름답게 창조한 땅의 것을 타락한 그들이 누리지 못하도록 땅에 저주를 내리시어 땅에서 가시덤불과 엉겅퀴가 나온다고 하신 말씀이다. 하지만 이는 표면적인 것이다. 가시덤불과 엉겅퀴의 이면은 선악과를 먹은 그들에게서 나올 죄악을 의미한다. 이 죄악은 시기, 질투, 교만 등으로, 가시와 엉겅퀴의 종류가 열다섯 개로 나와 있다(갈 5:19~21). 이 죄악의 가시는 상황에 따라 서로를 찔러 아프게 하며, 제어가 어려울 뿐만 아니라 없어지지 않는 골칫거리이다. 농부가 정성껏 밭을 갈아 배추와 무를 심었는데 심지도 않은 잡초가 어김없이 올라오는 것처럼, 죄의 가시는 잡초처럼 올라온다. 흙이 있는 곳에 잡초가 반드시 올라오듯, 흙으로 만들어진 아담의 후손들이 있는 곳에는 시기와 질투, 미움, 교만, 간음 등이 난무하게 된다.

이러한 죄악의 기질을 가지고 태어난 모세가 하나님 앞에 섰으니 당연히 신을 벗어야만 하는 것이다. 그러나 모세가 회개하였다고 근원적으로 타고난 죄성이 없어지는 것은 아니다. 타락된 육으로 상징되는 떨기나무가 하나님의 불에 타지 않았던 것도 성령께서 우리에게 내재하셔도 타락된 인간이 가진 죄악의 뿌리는 그대로 있다는 것을 암시한다. 하나님의 불에 타지 않았던 떨기나무 같은 죄를 사도 바울은 이렇게 기록하였다.

> 내가 행하는 것을 내가 알지 못하노니 곧 내가 원하
> 는 것은 행하지 아니하고 도리어 미워하는 것을 행
> 함이라 (롬 7:15)

> 이제는 그것을 행하는 자가 내가 아니요 내 속에 거
> 하는 죄니라 내 속 곧 내 육신에 선한 것이 거하지
> 아니하는 줄을 아노니 원함은 내게 있으나 선을 행
> 하는 것은 없노라 내가 원하는 바 선은 행하지 아
> 니하고 도리어 원하지 아니하는 바 악을 행하는도
> 다 만일 내가 원하지 아니하는 그것을 하면 이를 행
> 하는 자가 내가 아니요 내 속에 거하는 죄니라 (롬
> 7:17~20)

이것이 성도의 내면에 있는 떨기나무의 가시인 것이다. 바울은 선악과를 먹
은 인간에게 근원적인 죄의 뿌리가 있음을 알게 되었다. 이 죄의 뿌리가 자신
이 원하지 않는 것을 하게 하는 죄의 실체라는 것을 알았고, 이 때문에 우리를
위해 예수님을 십자가에서 돌아가게 하신 하나님께 감사가 나온 것이다.

내 지체 속에서 한 다른 법이 내 마음의 법과 싸워 내 지체 속에 있는 죄의 법으로 나를 사로잡는 것을 보는도다 오호라 나는 곤고한 사람이로다 이 사망의 몸에서 누가 나를 건져내랴 우리 주 예수 그리스도로 말미암아 하나님께 감사하리로다 그런즉 내 자신이 마음으로는 하나님의 법을 육신으로는 죄의 법을 섬기노라 (롬 7:23~25)

사도 바울은 은혜를 통해 죄의 근원을 알았다. 그렇다면 성도는 회개의 은혜로 어떤 것이 죄인지를 알아야 한다. 죄를 깨우치는 것이 회개다. 이제 하나님 앞에 선 모세는 자신이 가진 죄의 가시를 알아야 하므로 모세의 외적인 것부터 시작하여 내면에 있는 가시(죄)까지 다 회개시켜 주시는데, 먼저 모세가 가진 지팡이를 땅에 던지라고 하셨다. 땅에 던져진 지팡이가 저주받은 뱀으로 변한다. 양 치는 노인인 모세에게 지팡이는 든든한 버팀목이었다. 버팀목인 지팡이가 사탄을 상징하는 뱀으로 변한 것은, 모세가 이집트에서 40년을 사탄의 문화에 젖어 살았기 때문이다. 모세는 태어난 지 3개월 만에 이집트 왕궁으로 들어가 궁에서 성장하여 세계 최강이었던 이집트 문무(文武)를 배워 익혔고, 40년을 왕자로 살았다. 피라미드, 스핑크스, 미라 등 수많은 우상이 곳곳에 가득한, 사탄이 지배하는 문화 속에서 익힌 것들이 삶의 버팀목이었기에, 버팀목 같은 자신의 지팡이가 땅에 던져지자 사탄의 상징물인 뱀이 된 것이다. 이집트에서 익숙해진 사탄의 것들을 회개케 하신 것이다.

모세의 지팡이가 외적인 악의 것이라면, 선천적으로 타고난 내적인 악의 것도 드러내야 한다. 그것이 사도 바울이 말한 '내가 원하지 않는 그것을 행하면 이를 행하는 자는 내가 아니요, 내 속에 거하는 죄'라고 한 그 죄, 즉 엉 겅퀴와 가시이다.

이번에는 모세의 손을 품에 넣으라고 하셨다. 품에 넣었던 손을 내어 보니 손에 문둥병이 생겨 있었다. 이는 모세 내면에 있는 죄를 보게 하신 것이다. 문둥병은 특이하게도 얼굴과 손발이 썩어 내려 흉측하게 되어도 본인은 전혀 아픔이나 고통을 못 느끼는 병으로, 이스라엘 백성에게 징계로 내려진 질병 중 하나이다. 문둥병이 상징하는 것은 '타락된 육신의 생각대로, 양심의 가책 이나 죄의식도 없이 무감각하게 살아가는 성도들의 영적 상태'이다.

모세의 지팡이는 뱀으로, 가슴에 넣은 손은 문둥병으로 안과 밖이 다 회개 할 것들로 가득 채워진 여든 살의 노인이었다. 그러나 80세에 하나님께 부름 을 받고 회개한 후 40년을 하나님께 충성을 다하고 120세에 세상을 떠났다. 뒤를 이어 갈 새로운 영의 지도자 여호수아 역시 모세와 동일한 코스를 밟았 다. 여호수아가 백성과 함께 여리고성에 가까이 왔을 때, 칼을 빼서 손에 든 자가 앞에 나타나자 누구냐고 묻는 여호수아에게 이르기를,

> 그가 이르되 아니라 나는 여호와의 군대 대장으로 지금 왔느니라 하는지라 여호수아가 얼굴을 땅에 대 고 엎드려 절하고 그에게 이르되 내 주여 종에게 무 슨 말씀을 하려 하시나이까 여호와의 군대 대장이 여호수아에게 이르되 네 발에서 신을 벗으라 네가 선 곳은 거룩하니라 하니 여호수아가 그대로 행하니 라 (수 5:14~15)

여호와의 군대 대장이 영적 지도자로 세움을 받은 여호수아에게 하신 첫 말씀은 모세에게 하신 말씀과 같았다.

신을 벗어라. 회개하라.

하나님 나라의 군대 대장이라고 밝힌 것은 여호수아가 싸워야 할 싸움이 단순한 싸움이 아닌 것을 알 수 있다(엡 6:12). 이 싸움은 하나님을 대적하는 죄악과의 싸움이다. 때문에 먼저 자신에게 있는 죄악의 뿌리 엉겅퀴와 가시에서 나온 것이 무엇인지 알고 그 죄악을 토해야 한다. 여호수아가 모세를 돕는 일꾼으로 있을 때는 헌신과 봉사로만 열심이었으나, 이제 영의 지도자로 세움을 받았으니 주가 직접 쓰셔야 하므로 죄부터 토해 내게 하신 것이다.

> 무릇 내게 붙어 있어 열매를 맺지 아니하는 가지는
> 아버지께서 그것을 제거해 버리시고 무릇 열매를 맺
> 는 가지는 더 열매를 맺게 하려 하여 그것을 깨끗하
> 게 하시느니라 (요 15:2)

신발을 벗으라는 말씀은 모든 성도에게 적용이 된다. 모세와 여호수아에게 신발을 벗으라고 하신 그 하나님이 성도들에게 오셔서 함께 계시기 때문이다.

10

이사야의 회개

하나님이 이사야에게 주신 첫 은혜가 회개였다. 이사야가 회개할 수 있도록 보여 주신 것은 높이 들린 보좌에 계신 주님의 모습이었다.

이사야가 기록하기를,

> 내가 본즉 주께서 높이 들린 보좌에 앉으셨는데 그의 옷자락은 성전에 가득하였고 스랍들이 모시고 섰는데 각기 여섯 날개가 있어 그 둘로는 자기의 얼굴을 가리었고 그 둘로는 자기의 발을 가리었고 그 둘로는 날며 서로 불러 이르되 거룩하다 거룩하다 거룩하다 만군의 여호와여 그의 영광이 온 땅에 충만하도다 하더라 이같이 화답하는 자의 소리로 말미암아 문지방의 터가 요동하며 성전에 연기가 충만한지라 그 때에 내가 말하되 화로다 나여 망하게 되었도다 나는 입술이 부정한 사람이요 나는 입술이 부정한 백성 중에 거주하면서 만군의 여호와이신 왕을 뵈었음이로다 하였더라 (사 6:1~5)

이사야는 평민이 아니었다. 매우 격이 높은 사람으로, 자신의 신분에 맞게 고상한 품격에 신앙심을 더하여 유연함을 가진 자였다.

그러나 근원적으로 자리 잡은 타락된 육에서 묻어 나온 죄악의 산물이 자신에게 가득함을 천상의 광경을 보고 알게 되자 화들짝 놀란 이사야의 첫말이 "큰일 났다. 내가 망하게 되었도다. 내 입술로 범한 이 죄를 다 어찌할꼬." 였다. 그렇게 말하며 고꾸라진 것이 이사야의 회개였다.

높은 보좌에 앉으신 주님 앞에서 여섯 날개를 가진 스랍 천사들이 두 날개로는 얼굴을, 두 날개로는 발을 가린 채 남은 두 날개로 날고 있는 모습이 주님의 영광을 짐작하게 한다. 스랍 천사는 매우 높은 천사이다.

그러나 만들어진 피조물이라 주님 앞에서 감히 얼굴을 내놓고 "내가 나입니다."라고 할 수 없었기에 두 날개로 얼굴을 가리고 또 두 날개로 발을 가린 것은 허물을 가린 것이다. 빛이신 주님의 영광 앞에 어쭙잖은 것은 가릴 수밖에 없었으리라. 이런 천상의 광경을 보고 "내 입술의 부정함을 어찌할꼬."라고 한 것은 두말할 것 없이 마음의 부패를 이른 말이다.

누군가 아무리 자기가 잘났다고 목에 힘을 줘도 만물보다 거짓되고 부패한 아담의 후손들이라 그 나물에 그 밥, 도토리 키 재기이다.

'회개' 하면 떠오르는 사람이 바로 다윗이다. 다윗만큼 깊게 회개한 자가 있을까 싶다. 그는 출생하기 전 배 속에서부터 자신이 죄의 씨를 가지고 있었다는 것을 알 수 있도록 은혜를 받은 자이다.

그는 기록하기를,

> 내가 죄악 중에서 출생하였음이여 어머니가 죄 중에
> 서 나를 잉태하였나이다 (시 51:5)

어미의 태 안에서 죄의 기질로 형성된 자신의 죄까지 회개한 자가 다윗 말
고 누가 있을까. 죄의 도구에 불과한 타락된 육을 가진 우리가 은혜 없이 어
떻게 믿음을 지키며 은혜 없이 어떻게 회개할 수 있겠는가. 성도에게는 오직
은혜인 것이다.

11

사르밧 과부에게 주신 회개의 은혜

아합왕의 패역으로 이스라엘에 가뭄과 기근이 들어 마실 물도 구하기 쉽지 않았을 때, 사르밧 마을에 사는 한 과부가 아껴 먹던 양식이 떨어졌다. 한 끼 먹을 정도 남은 밀가루로 마지막이 될 빵을 만들어 아들과 먹으려고 불을 땔 나무를 줍고 있을 때, 하나님이 보내신 엘리야를 만나 가뭄이 끝날 때까지 식량 걱정 없이 살도록 축복을 받았다. 한 끼를 먹고 나면 더 이상 먹을 것이 없어 아들과 함께 굶어 죽을 수밖에 없었던 비참한 상황에서 먹을 것이 해결되었으니 그 고마움을 어떻게 말로 다 할 수 있었겠는가? 육의 것이 풍성하다고 근심 걱정 없는 것은 아니겠으나, 가뭄이 끝날 때까지 아들과 함께 먹을 것 걱정은 없었으니 얼마나 살맛이 났겠는가?

성도가 육의 것에 염려가 없다고 감사만 하고 있다면 이방인의 삶과 별다를 것이 없을 터인데, 그런 까닭으로 과부에게 주어진 행복은 그리 길지 못하였고, 그에게 온 고난은 사람이 겪기에는 너무나 힘든 것이었다. 자신의 목숨보다 더 귀한 아들이 아파 사경을 헤매다 결국 목숨을 잃자 과부는 미친 듯이

"내 아들!" 하고 울부짖었으나, 그 울부짖음을 들으신 하나님은 과부에게 은혜를 주셨다. 그러나 그 은혜가 아들을 회복되게 하시거나 과부를 위로하신 것은 아니었다. 울부짖는 과부에게 주신 은혜는 회개였다. 과부가 살면서 범한 죄와 허물을 회개하도록 하신 것이다. 엘리야를 만났을 때, 회개한 과부가 한 말이다.

> 하나님의 사람이여 당신이 나와 더불어 무슨 상관이 있기로 내 죄를 생각나게 하고 또 내 아들을 죽게 하려고 내게 오셨나이까 (왕상 17:18)

자신의 목숨보다 귀한 아들을 잃고 하나님께 받은 은혜가 회개였다. 죄를 알고 고백하는 것이 얼마나 중요하면 과부의 아들 목숨을 취하시고 과부를 회개하도록 하셨을까?

예수님께서도 제자들의 발을 씻겨 주시면서 자신에게 발 씻김을 받지 않은 자는 자신과 아무 상관이 없다고 하신 것을 보면 성도에게 회개는 반드시 해야 할 절대적인 것이 틀림없다.

아들과 함께 굶어 죽을 수밖에 없었던 과부에게 육의 것을 풍성히 주시어 걱정 없이 살 수 있는 은혜를 내리신 것처럼, 과부가 받아야 할 또 다른 은혜가 있었다. 사람은 떡으로만 사는 것이 아니라 하나님 입에서 나오는 말씀으로 살아야 하니, 그러한 은혜 또한 받아야 했던 것이다.

> 사람이 떡으로만 살 것이 아니요 하나님의 입으로부
> 터 나오는 모든 말씀으로 살 것이라 하였느니라 하
> 시니 (마 4:4)

과부가 아들의 죽음을 보고 회개하겠다고 먼저 하나님께 기도를 드렸던 것
은 아니다. 아들의 죽음으로 인한 충격에 아무 생각 없이 하나님께 무조건 엎
드려 "아이고, 내 아들!" 하고 울부짖었을 뿐인데, 때를 기다리신 하나님이 과
부에게 회개의 은혜를 부어 주신 것이다. 그 방법이 아니고서야 세상살이에
짓눌려 마음이 굳을 대로 굳은 과부가 하나님께 부르짖을 리가 없음을 하나
님은 알고 계셨기 때문이다. 과부의 아들은 목숨을 잃고 말았지만, 하나님의
방법으로 과부를 회개케 하신 후 '자식은 여호와의 주신 기업이요, 태의 열매
이며, 상급'이라고 말씀하신 대로 하나님이 주신 상급인 아들을 다시 살려 주
셨다. 회개한 과부에게 주신 또 하나의 축복인 것이다.

> 여호와께서 엘리야의 소리를 들으시므로 그 아이의
> 혼이 몸으로 돌아오고 살아난지라 (왕상 17:22)

은혜로 받은 육의 것에 그저 감사하고 누리기만 한다면, 사람은 떡으로만
사는 것이 아님을 알게 하실 것이다.

12

박 권사님의 회개

종은 70세가 훌쩍 넘은 누님과 8년 전부터 함께 살았다. 50세에 과부가 된 누님은 믿음으로 권사직을 감당하며 살아온 분이다. 매형은 50세에 화장실에서 볼일을 보시다가 세상을 떠났다. 매형이 떠난 충격을 잠으로 잊으려 하다 보니 누님은 자려는 습관이 몸에 배어 있었고, 그래서인지 치매가 빨리 왔다. 약 8개월 전에 병원에서 유방암 4기 또는 5기라 하였고, 잡수시고 싶은 것 많이 해 드리라고 하였다. 또한, 일반 진통제는 그 극심한 통증에 효과가 없어서 마약 성분이 있는 진통제를 처방받았다.

두 달 전에 처방전을 받으러 갔더니 의사가 "오래 사시네요."라고 하였다. 맞는 말이다. 하나님 아버지께서 생명을 연장해 주신 것이다. 그것이 종의 눈에는 확연히 보였다. 뿐만 아니다. 죽음을 눈앞에 둔 누님을 통하여 믿기지 않을 만큼 실감 나는 은혜를 종에게 보여 주셨다. 그럴 때마다 깨닫는 것은, 은혜 없이 어찌 믿음을 지키고 살겠나 하는 것이었다. 그저 놀랄 뿐이다.

얼마 전이었다. 둘째 딸이 말하기를, 고모를 위해 회개에 대한 기도를 드린 적이 한 번도 없었는데 며칠 전 기도는 늘 드리던 기도가 아니라 "고모 회개하게 하소서." 하는 눈물의 기도가 계속되었다고 한다. 고모에 대한 기도의 마음을 부어 주셔서 이끄심에 따라 나온 기도였을 것이다.

누님은 아름다운 목소리 덕분에 60세가 되도록 교회 성가대원으로 헌신하며 예배로 사신 분이다. 그러나 헌신 속에 가려진 허물들을 하나씩 회개로 씻어 내야 할 시간이 온 것 같았다. 종이 할 수 있는 것은 겨우 몇 숟가락 드시는 식사 기도 때 회개할 수 있는 은혜를 베풀어 달라고 기도를 드리는 것뿐이었다.

누님은 결국 요양 병원에서 소천하셨는데, 임종을 지키지 못했다. 아마도 주님의 방법으로 회개케 하셔서 아픔도 괴로움도 없는 성도의 본향으로 데리고 가셨을 것이다. 누님이 생각난다.

13

회개 없이 병부터 고쳐 주신 주님

죄로 인하여 무려 38년 동안 병으로 고생하며 누워 있는 병자를 얼마나 불쌍히 여기셨으면 회개도 없이 바로 고쳐 주셨을까.

하나님은 "긍휼히 여길 자는 긍휼히 여기고 불쌍히 여길 자는 불쌍히 여긴다."라고 하신 말씀같이 그를 참으로 불쌍히 여기셨던 것이다. 38년을 앓아 온 끔찍한 병을 단번에 치유를 받은 그에게 다음 순서가 또 기다리고 있었다. 앓던 병이 나았다고 사람이 변하는 것은 아니기 때문이다. 다음 순서란, 육이 가진 죄의 기질로 죄를 범한 것을 알게 하여 스스로 죄인임을 깨닫게 하는 순서, 즉 회개였다.

38년을 앓았던 병을 고침을 받은 그가 다른 곳이 아닌 성전에 있는 것으로 보아 자신이 엄청난 은혜를 입었음을 잘 알고 있는 것 같다. 그러나 고침을 받고 감사를 안다고 죄까지 아는 것이 아니기에 주님은 그가 있는 성전으로 가셔서 그를 위해 "다시는 죄를 범하지 말라."라고 말씀하셨다.

이 말씀은 병자로 하여금 회개하게 하는 말씀이다.

그 후에 예수께서 성전에서 그 사람을 만나 이르시되 보라 네가 나았으니 더 심한 것이 생기지 않게 다시는 죄를 범하지 말라 하시니 (요 5:14)

말씀을 들은 그는 아마도 많이 놀랐을 것이고 또 깨달았을 것이다. 자신이 왜 38년 동안을 아팠는지 모르고 있었던 그는 왜 아파야 했는지를 알게 되었고, 동시에 지난날에 범한 죄가 하나씩 기억나므로 틀림없이 많이 흐느껴 울었을 것이다.

14

강도의 회개

주님이 십자가에서 돌아가실 때 양쪽 십자가에 매달렸던 두 명의 흉악한 강도는 숨이 끊어질 것 같은 고통 속에서도 온갖 수모와 모욕으로 주님을 비아냥거렸다.

> 함께 십자가에 못 박힌 강도들도 이와 같이 욕하더라 (마 27:44)

이것은 사탄에게 잡힌 자는 숨이 끊어질 때까지 사탄의 손아귀에서 벗어나지 못한다는 것을 알도록 하신 사건이지만, 또한 사탄의 손아귀에 잡힌 채 죽음 직전에 있는 자라 하여도 주님께서 원하신다면 누구든 구원케 하심을 보여 주신 사건이기도 하다.

주를 비웃고 욕하던 두 강도 중 하나가 갑자기 옆에 있는 강도에게 이렇게 말했다.

하나는 그 사람을 꾸짖어 이르되 네가 동일한 정죄
를 받고서도 하나님을 두려워하지 아니하느냐 우리
는 우리가 행한 일에 상당한 보응을 받는 것이니 이
에 당연하거니와 이 사람이 행한 것은 옳지 않은 것
이 없느니라 하고 (눅 23:40~41)

'너와 나는 죄의 대가를 받는 것이지만 이분은 아무 죄가 없는 분'이라고
말한 이 강도는 흉악한 죄로 인하여 십자가에 팔다리가 못 박힌 채 매달려 죽
음을 기다리는 자였다. 그렇게 눈감을 자에게 예수 그리스도의 은혜가 임하
였다. 어떤 은혜가 임하였을까.

회개의 은혜가 임한 것이다. 주님이 제자들의 발을 씻겨 주셨듯이 강도의
발을 씻겨 주신 것이다. 두 강도에게 수모와 모욕을 당하시고도 살려야 할 자
는 살려야 하셨기에 은혜를 주신 것이다. 은혜로 회개한 강도는 주님께 이런
부탁을 할 수밖에 없었다. 자신도 하늘나라에 가고 싶다고.

이르되 예수여 당신의 나라에 임하실 때에 나를 기
억하소서 하니 (눅 23:42)

이 말을 들으신 주님께서는 바로 '오늘 너도 나와 함께 낙원에 있을 것'이
라고 말씀하셨다.

예수께서 이르시되 내가 진실로 네게 이르노니 오늘 네가 나와 함께 낙원에 있으리라 하시니라 (눅 23:43)

악한 영 사탄은 지금의 세상 임금으로 있다(요 12:31, 요 14:30). 이런 곳에서 한평생을 산 성도가 세상을 떠날 때는 너 나 할 것 없이 회개할 것이 많을 것이다.

15

임종 직전의 회개

종의 어머니는 위암으로 돌아가셨다. 돌아가시기 몇 분 전에 나를 부르시더니 안아 달라고 하시기에 여윈 어머니를 무릎에 올렸다. 어머니께서 대뜸 말씀하시길, 지난날의 일들이 모두 다 떠오른다고 하셨다. 그리고 목에서 꼬르륵하는 소리가 나면서 숨을 거두셨다. 무릎에 계신 시간은 3분도 안 되었다. 돌아가시기 전에 하신 말씀이 무슨 뜻인지 알지 못했는데, 주의 종이 된 후에야 주님께서 어머니에게 베푸신 회개의 은혜라는 것을 알게 되었다.

어머니는 젊은 시절 아프셨는데, 찬송 소리에 정신이 들면서 눈이 떠졌다고 하셨다. 성도들이 문병을 와서 찬송할 때 은혜를 받으신 것이다. 그러나 교회는 잊고 절에 다니셨고, 또 삼신할미에게 빈다며 부엌에서 비시는 모습을 어릴 때부터 많이 보아 왔다. 또한 종이 태어나기 전에는 아들을 낳게 해 달라고 백일기도를 드렸다고 하셨는데, 누구에게 기도하셨는지는 모르겠으나 아마도 부처 아니면 삼신할미였을 것이다. 그리고 어디서 들으셨는지 집안이 잘되는 길이라면서 동네 공중화장실을 치우러 다니기도 하셨고, 듣지도 보지도 못한 이상한 이름을 가진 곳에도 열심히 다니셨다. 그러시다가 예순이 가까워질 무렵에는 교회 새벽 기도에도 잠시 나가셨고, 이후로는 다시 예배 없이 사셨는데, 임종 직전에 주님의 놀라운 은혜로 회개하신 것이다.

> 여인이 어찌 그 젖 먹는 자식을 잊겠으며 자기 태에서 난 아들을 긍휼히 여기지 않겠느냐 그들은 혹시 잊을지라도 나는 너를 잊지 아니할 것이라 (사 49:15)

이처럼 하나님은 그분의 자녀를 잊어버리지도 외면하시지도 않으신다.

그가 어떠한 삶을 살았고, 또한 살고 있더라도 마지막 순간까지 놓지 않으시고 끊임없이 부르고 계시는 분이시다. 비록 젊은 시절 주님이 아닌, 다른 우상에게 시간을 들이며 살아가셨던 종의 어머니 역시도 하나님의 자녀였기에 마지막 순간에 잘못을 회개시키시고 그분의 나라로 인도하신 것이다.

16

세마포 빠는 성도

성도를 위해 마지막으로 남겨 둔 은혜의 시간이 다니엘 12장에 나오는 대환난이다. 대환난은 성도가 세마포를 빠는 마지막 회개의 시간이 될 것이다.

나 다니엘이 본즉 다른 두 사람이 있어 하나는 강 이쪽 언덕에 섰고 하나는 강 저쪽 언덕에 섰더니 그 중에 하나가 세마포 옷을 입은 자 곧 강물 위쪽에 있는 자에게 이르되 이 놀라운 일의 끝이 어느 때까지냐 하더라 내가 들은즉 그 세마포 옷을 입고 강물 위쪽에 있는 자가 자기의 좌우 손을 들어 하늘을 향하여 영원히 살아 계시는 이를 가리켜 맹세하여 이르되 반드시 한 때 두 때 반 때를 지나서 성도의 권세가 다 깨지기까지이니 그렇게 되면 이 모든 일이 다 끝나리라 하더라 내가 듣고도 깨닫지 못한지라 내가 이르되 내 주여 이 모든 일의 결국이 어떠하겠나이까 하니 그가 이르되 다니엘아 갈지어다 이 말은 마지막 때까지 간수하고 봉함할 것임이니라

> 많은 사람이 연단을 받아 스스로 정결하게 하며 희
> 게 할 것이나 악한 사람은 악을 행하리니 악한 자는
> 아무것도 깨닫지 못하되 오직 지혜 있는 자는 깨달
> 으리라 (단 12:5~10)

세마포를 입지 않은 자가 세마포를 입은 자에게 대환난의 끝 날을 물은 것은, 대환난 날에 성도의 세마포를 희게 빨게 할 것이었기 때문이다. 세마포를 희게 빤다는 것은 회개를 뜻한다.

대환난이 시작되면 하나님 자녀로서 누렸던 모든 영적인 보호막은 완전히 사라진다(살후 2:6~7). 반면 사탄의 권세에 성도들이 눌려(계 13:7) 3년 반을 전무후무한(단 12:1) 고통을 받을 것인데, 이때 비로소 성도들은 회개하게 될 것이다. 아모스, 디모데후서 그리고 주님이 하신 말씀을 보면 성도의 영적인 상태가 어떻기에 이런 엄청난 고통 속에서 회개해야 하는지 이해할 수 있다.

> 또 내가 너희 모든 성읍에서 너희 이를 깨끗하게 하
> 며 너희의 각 처소에서 양식이 떨어지게 하였으나
> 너희가 내게로 돌아오지 아니하였느니라 여호와의
> 말씀이니라 또 추수하기 석 달 전에 내가 너희에게
> 비를 멈추게 하여 어떤 성읍에는 내리고 어떤 성읍
> 에는 내리지 않게 하였더니 땅 한 부분은 비를 얻고
> 한 부분은 비를 얻지 못하여 말랐으매 두 세 성읍 사
> 람이 어떤 성읍으로 비틀거리며 물을 마시러 가서
> 만족하게 마시지 못하였으나 너희가 내게로 돌아오
> 지 아니하였느니라

여호와의 말씀이니라 내가 곡식을 마르게 하는 재앙과 깜부기 재앙으로 너희를 쳤으며 팥중이로 너희의 많은 동산과 포도원과 무화과나무와 감람나무를 다 먹게 하였으나 너희가 내게로 돌아오지 아니하였느니라 여호와의 말씀이니라 내가 너희 중에 전염병을 보내기를 애굽에서 한 것처럼 하였으며 칼로 너희 청년들을 죽였으며 너희 말들을 노략하게 하며 너희 진영의 악취로 코를 찌르게 하였으나 너희가 내게로 돌아오지 아니하였느니라 여호와의 말씀이니라 내가 너희 중의 성읍 무너뜨리기를 하나님인 내가 소돔과 고모라를 무너뜨림같이 하였으므로 너희가 불붙는 가운데서 빼낸 나무 조각같이 되었으나 너희가 내게로 돌아오지 아니하였느니라 여호와의 말씀이니라 (암 4:6~11)

너는 이것을 알라 말세에 고통하는 때가 이르러 사람들이 자기를 사랑하며 돈을 사랑하며 자랑하며 교만하며 비방하며 부모를 거역하며 감사하지 아니하며 거룩하지 아니하며 무정하며 원통함을 풀지 아니하며 모함하며 절제하지 못하며 사나우며 선한 것을 좋아하지 아니하며 배신하며 조급하며 자만하며 쾌락을 사랑하기를 하나님 사랑하는 것보다 더하며 경건의 모양은 있으나 경건의 능력은 부인하니 이 같은 자들에게서 네가 돌아서라 (딤후 3:1~5)

> 그들이 평안하다 안전하다 할 그 때에 임신한 여자
> 에게 해산의 고통이 이름과 같이 멸망이 갑자기 그
> 들에게 이르리니 결코 피하지 못하리라 (살전 5:3)

> 홍수 전에 노아가 방주에 들어가던 날까지 사람들이
> 먹고 마시고 장가들고 시집가고 있으면서 홍수가 나
> 서 그들을 다 멸하기까지 깨닫지 못하였으니 인자의
> 임함도 이와 같으리라 (마 24:38~39)

육신이 살찌고 살기 좋아지면 성도들은 회개에는 점점 관심이 없어진다. 세상 것을 누리는 성도에게 회개를 말하면 비웃을지도 모른다. 너나 많이 하라며 강 건너 불구경하듯 하므로 어지간해서는 회개하려 하지 않을 것이다. 천사가 다니엘에게 환난에 대하여 말했을 때 천사의 말이 쉽게 이해가 되지 않았던 다니엘은 '환난의 끝이 어떻게 되느냐'고 물었다. 천사는 답하기를 "많은 사람이 연단을 받아 스스로 정결케 하며 희게 할 것이나(단 12:10)."라고 하였다.

이 말은, 성도들이 대환난을 통하여 스스로 정결케 하고 희게 하는 회개를 할 것이라고 한 것이다. 환난이 얼마나 무섭고 목숨에 위협을 느끼면 회개의 은혜 없이 스스로 회개하려고 했겠나. 죄악으로 범벅이 된 인간은 스스로 회개할 수 없어서 주님이 더러운 제자들의 발을 씻겨 주셨듯, 회개는 은혜로 되는 것이다. 그런데 스스로 정결케 하며 희게 한다는 것은 성령께서 주시는 회개의 은혜가 없다는 것이요, 대환난 때 성령이 성도들에게서 떠나시는 것으로 보아야 할 것이다(살후 2:6~7). 대환난이 두려운 것은 갑자기 일어난 지진에 어쩔 줄 몰라 하는 것처럼, 말로만 듣던 대환난이 오면 대책이 없이 눈앞이 캄캄해질 것이다. 그래서 많은 사람이 연단을 받아 스스로 희게 할 것이라 하신 것이다(단 12:10). 그날이 오면 무서움을 알 것이다. 그리고 생명의 위협을 느껴 죄를 깨닫고 스스로 토해 내게 될 것이다.

> 이는 그때에 큰 환난이 있겠음이라 창세로부터 지금까지 이런 환난은 없었고 후에도 없으리라 그날들을 감하지 아니하면 모든 육체가 구원을 얻지 못할 것이나 그러나 택하신 자들을 위하여 그날들을 감하시리라 (마 24:21~22)

> 자기 두루마기를 빠는 자들은 복이 있으니 이는 그들이 생명나무에 나아가며 문들을 통하여 성에 들어갈 권세를 받으려 함이로다 (계 22:14)

성도들은 영혼의 옷 세마포를 반드시 입고 있다.

어느 날, 한 중년 남성이 인천에서 김해에 일을 보러 왔는데 만날 사람을 만나지 못해 이리저리 다니다 보니 몹시 피곤하다며 교회에서 잠시 쉴 수 있겠느냐고 하였다. 소파에서 쉬게 하고 한참 후에 가 보니, 아직 소파에서 누워 자고 있었다. 쉴 만큼 쉬었겠다 싶어 깨웠더니 일어나면서 "목사님, 옷 갈아입으셨습니까?"라고 했다. "무슨 옷을요?" 하고 물었더니 "아까 목사님은 전체가 하얀 옷을 입고 있었는데 지금 옷이 다른 색깔이라서 물어본 것입니다."라고 하였다. 이는 주께서 순간적으로 그 장년의 영의 눈을 밝혀 종이 입고 있는 영혼의 옷, 하얀 세마포를 보게 하신 것이다.

성도에게는 세상 사람들에게는 없는 세마포가 있음을 알아야 한다. 세마포는 성도들의 옳은 행실의 옷이라고(계 19:8) 기록되어 있다. 종이 입고 있었던 하얀 세마포를 그 사람이 볼 수 있도록 하신 것은 종이 옳은 일을 하였다고 알려 주신 것 같았다. 객지에서 지치고 피곤한 사람의 청을 들어 잠시 쉬게 한 것뿐이지만, 그것을 선하게 보신 것이다. 그러나 대환난 날이 가까워질 때 우리가 해야 할 선한 행실은 사라진 지 오래되었을 것이고, 크건 작건 육의 유익만을 위해 살 것이 분명하다.

17

회개 안 해서 목숨 잃는다

성도는 말과 행동은 안 그런 척해도 태어날 때부터 가지고 있는 죄로 말미암아 말씀에 금한 것을 하게 된다.

그래서 "서로 불쌍히 여기라(엡 4:32)"고 하신 것이다. 오늘 탈이 없는 내가 내일 무슨 우를 범할지 모르기 때문이다. 난치병을 앓는 이가 그 병과 함께 살아가듯, 죄성이 강한 육과 함께 공존해야 하므로 회개는 뺄 수가 없다. 그리고 성도의 회개는 생사가 달려 있다.

> 사람이 회개하지 아니하면 그가 그의 칼을 가심이여 그의 활을 이미 당기어 예비하셨도다 죽일 도구를 또한 예비하심이여 그가 만든 화살은 불화살들이로다 (시 7:12~13)

이스라엘 사람들이 궁금증을 가진 사건이 있었다. 갈릴리 사람들이 하나님께 제물을 드리다가 목숨을 잃은 사건으로, 왜 하필 하나님께 제물을 드릴 때

죽임을 당하느냐는 것이다. 그들이 예수님께 궁금증을 말씀드렸더니 '회개하지 않아 목숨을 잃은 것'이라 하셨다.

> 그 때 마침 두어 사람이 와서 빌라도가 어떤 갈릴리 사람들의 피를 그들의 제물에 섞은 일로 예수께 아뢰니 대답하여 이르시되 너희는 이 갈릴리 사람들이 이같이 해 받으므로 다른 모든 갈릴리 사람보다 죄가 더 있는 줄 아느냐 너희에게 이르노니 아니라 너희도 만일 회개하지 아니하면 다 이와 같이 망하리라 (눅 13:1~3)

육이 가진 구조적인 문제로 인하여 우를 범하면서 살 수밖에 없는 성도들에게 회개는 축복 중의 축복이다. 목숨을 잃은 갈릴리 사람들이 살아 있는 자들보다 죄가 많아서가 아니라 죄를 범하고도 회개하지 않아서 목숨을 잃은 것이라고 하셨다.

목숨을 잃은 자들은 죄를 범하고도 속죄 제물을 드릴 생각조차 없이 살아온 자들이다. 그들에게 주신 마지막 은혜는 그들을 위해서 하나님께 속죄 제물을 드리도록 하는 것이다. 그들이 목숨을 잃기 전 죽음의 시간이 코앞으로 다가왔을 때, 그들에게 속죄 제물을 드릴 은혜를 주셨고, 은혜로 드린 제물을 받으신 하나님께서 빌라도가 보낸 병사들에 의해 숨을 거두게 하신 것이다.

여기서 성도의 회개는 생명과 직결되어 있다는 것과 주님은 반드시 회개를 시키시고 부르신다는 것을 알 수 있다.

주님이 이어서 말씀하시기를,

또 실로암에서 망대가 무너져 치어 죽은 열여덟 사람이 예루살렘에 거한 다른 모든 사람보다 죄가 더 있는 줄 아느냐 너희에게 이르노니 아니라 너희도 만일 회개하지 아니하면 다 이와 같이 망하리라 (눅 13:4~5)

실로암의 망대가 무너져 목숨을 잃은 열여덟 명을 보면서 망대가 무너져 목숨을 잃었다고 생각하지 쌓인 죄를 회개하지 않아 목숨을 잃었다고 누가 생각이나 했겠는가. 사고에는 까닭이 있는 것이다. 세상은 사람들이 만들어 놓은 실로암의 망대들로 가득 채워져 있다. 그것들은 다 하나님 아버지의 진노의 도구로 쓰일 수 있다. 하나님 아버지의 진노를 피하는 최고의 방법이 회개이다. 선한 일로도 회개를 대신할 수 없고 충성으로도 회개를 대신할 수 없다. 선한 일을 하면서도 죄는 범하게 되고, 충성하면서도 죄는 범해지기 때문이다. 이 죄의 경중의 차이는 있겠으나, 이런 것을 하나둘 쌓아 놓고 오랫동안 뭉개고 있으면 '죄의 삯은 사망'이라 하신 말씀이 적용될 수도 있다. 그 말씀이 적용된 이들이 갈릴리 사람들과 실로암 망대가 무너져 죽은 열여덟 명이다.

왜 주님이 제자들의 더러운 발을 씻겨 주셨겠는가. 그것이 회개를 의미하는 것이 아닌가.

제자들의 발을 씻겨 주시면서 '목욕한 자는 발만 씻으면 된다'고 하셨을 때 '목욕한 자'라고 하신 것은, 예수님이 옆구리에서 쏟아 내신 피로 성도들이 육으로 범한 모든 죄를 덮었기 때문이다. 피로 덮인 죄가 육의 몸에서 불쑥 나오면 회개로 씻어 내야 하므로 제자들의 더러운 발을 씻겨 주신 것이다.

주님은 성도가 범한 죄들을 회개케 하실 것인데, 갈릴리 사건처럼 이 땅에서 마지막 날이 되는 회개가 아니라, 더 많은 열매를 맺기 위한 회개의 은혜를 받아야 한다.

> 무릇 내게 붙어 있어 열매를 맺지 아니하는 가지는 아버지께서 그것을 제거해 버리시고 무릇 열매를 맺는 가지는 더 열매를 맺게 하려 하여 그것을 깨끗하게 하시느니라 (요 15:2)

죄를 범한 아담을 하나님이 부르신 것은 "하나님, 제가 선악과를 먹었습니다. 살려 주세요." 하고 죄를 토하기를 바라셨기 때문이다. 마찬가지로 엘리사가 죄를 범한 게하시에게 "어디에서 오느냐?"라고 물은 것 역시 회개를 위한 물음이었다. 그러나 아담이나 게하시 모두 회개는 없었다. 이를 보면 타락한 인간 스스로 회개할 수 없음을 알 수 있다.

결혼하고 2년 정도 되었을 때였다. 저녁 무렵 집사람과 둘이서 가벼운 마음으로 들길을 걷고 있는데 "교회 나가라." 하시는 말씀이 들렸다. 너무도 신기하여 집사람에게 말하기를 "조금 전에 교회 나가라고 하시는 말씀을 들었는데, 신기하네. 교회 안 간 지도 오래됐는데." 하고는 주신 말씀을 한 번 더 생각지도 않고 그대로 뭉개고 지나가 버렸다. 교회 나가라는 말씀이 왜 들렸는지 또는 그 말씀을 누가 하셨는지에 대한 고민도, 알려는 생각도 없이 그저 신기하다고만 여긴 것은, 예배를 드리지 않은 내 영은 이미 깊은 잠에 빠져 있었기 때문이다. 주님이 주신 말씀을 내 영이 깨닫지 못하고 신기하다고만 생각하고 이성의 사고에 가려 무덤덤하게 넘어간 것이다. 비슷한 경우는 많다. 예배는 드리지만 영이 깨어 있지 못하여 예배 때 주신 은혜를 그냥 스쳐 지나가기도 하고, 남 말을 하듯 '좋은 말씀이네.' 하고 무덤덤하게 넘어가기도 한다.

주님은 나에게 "교회 나가라."라고 하신 후에도 주변 사람들로 하여금 교회에 나가도록 많은 은혜를 주셨는데도 안 가고 있다가 결국 재발한 결핵으로 피를 토하고서야 "천부여, 의지 없어 손을 들고 옵니다." 하고 스스로 가게되었다. 그러나 사실은 이 또한 스스로 간 것이 아니라 그렇게 불러내신 것이다. 예배를 드려야 할 자는 어떤 방법으로든 불러내시고 회개해야 할 자에게는 어떻게든 회개할 은혜를 주신다. 이 주신 것을 모르고 번번이 놓친다면 더큰 고난을 주실 것이고, 알고도 그대로 뭉개고 지나가면 사마리아 사람들과실로암 사람들에게 적용된 '죄의 삯은 사망'이라는 말씀이 적용될 수도 있다. 그러므로 회개하여, 살고 봐야 하는 것이다.

북이스라엘이 망하고 남유다가 망한 것은 백성들 때문이 아니라 기름 부음을 받은 왕들의 사악한 죄악 때문임은 누구나 알고 있는 사실이다. 한때는 많은 이가 하나같이 '나라가 왜 이러나.' 하고 마음 졸이며 참으로 많은 걱정을하였다. 나라 걱정을 하다 보면 자연스럽게 권모술수에 능한 위정자들을 향한 원망이나 욕설을 할 수도 있을 것이다. 나라를 바로 세우는 일이라면 어떤 것도 기꺼이 하겠다는 이들도 있겠지만, 그것이 나라를 바로 세우게 하는 일이 아님을 성도들은 깨달아야 한다. 만약 교회를 핍박하는 통치자라면 저들을 세우신 하나님께 우리를 불쌍히 여겨 달라고 기도와 회개가 나와야 하는데, 회개와 기도가 아닌 위정자들을 향한 원망과 악에 찬 생각으로 행동한다면 영의 눈이 어둡다고 할 수밖에 없다.

하나님이 어리석고 무능하거나, 혹은 사악한 자를 통치자로 세우셨다면 분명 까닭이 있으시다. 그렇다면 기름 부음을 받은 주의 종들이 먼저 감을 잡고, 회개해야 할 것은 회개해야 한다. 성도들이 모여 집회를 안 하고, 데모를 안 해서 나라가 우려스럽게 되는 것은 아니다. 문제는 하나님의 자녀들에게 있다. 육의 욕구대로 살면서도 뻔뻔스럽게도 회개하지 않기 때문에 나라를 우려스럽게 통치하는 자를 세우시는 것이다.

주님은 "종들이 돌아오기를 간절히 바라고 계신다."라고 하셨다. 또 "종은 많으나 마음 편히 쓸 수 있는 종이 없다."라는 주님 말씀을 누구로부터 듣고 서툰 글로 옮기려 하니 종들의 허물 같아 매우 조심스럽기도 하다.

혹시 이 글을 보고 주의 종들의 허물을 침소봉대하여 헐뜯으려고 물 만난 고기처럼 휘젓고 다니면서 총을 난사하듯이 하는 이가 있을까 걱정도 된다. 또, 은근히 종들의 허물을 식은 음식 데우듯 하는 이들도 있을 듯하다. 사탄은 악의 원조이고 뿌리이다. 모든 악이 다 그의 것이다. 그가 움직이는 곳마다 교만과 참소가 판을 치는 것은 그가 자기 것을 잘 활용하고 있기 때문이요, 성도 간에 분쟁이 그치지 않는 것도 그가 잔재주를 부리고 있기 때문이다.

그 재주에 놀아나는 성도가 없을 수는 없지만, 그런 짓에 장단을 맞추고 춤추는 것은 세상 사람들이 하는 것이지 성도가 해서는 안 된다. 성도는 악에 쓰이는 것이 아니라 선에 쓰이도록 해야 한다. 교만과 참소가 누구의 것인지 잘 보기 바란다.

내가 또 들으니 하늘에 큰 음성이 있어 이르되 이제 우리 하나님의 구원과 능력과 나라와 또 그의 그리스도의 권세가 나타났으니 우리 형제들을 참소하던 자 곧 우리 하나님 앞에서 밤낮 참소하던 자가 쫓겨났고 (계 12:10)

그러므로 하늘과 그 가운데에 거하는 자들은 즐거워하라 그러나 땅과 바다는 화 있을진저 이는 마귀가 자기의 때가 얼마 남지 않은 줄을 알므로 크게 분내어 너희에게 내려갔음이라 하더라 (계 12:12)

서로가 서로를 헐뜯는 것은 분명 성령께서 주신 것은 아니다. 성도는 서로 발을 씻겨야 한다. 단순히 세숫대야에 있는 물로 발을 씻기는 것이 아니다. 주님이 서로 발을 씻기라고 하신 것은(요 13:14~15) 회개하도록 서로 도우라고 하신 것이다. 베드로의 발을 씻기시면서 하신 말씀은 다음과 같다. "내가 하는 것을 네가 지금은 알지 못하나 이 후에는 알리라(요 13:7)" 그때 베드로는 주님이 단순히 제자들의 더러운 발을 씻겨 주시는 것으로만 알았지, 더러운 죄를 씻어 내는 회개인 줄은 몰랐던 것이다.

지금도 성도들이 회개하기를 간절히 바라시는 주님의 마음과 다르게 혹시 '나는 회개할 것이 별로 없다.'라고 생각하는 이가 있다면 예배당에 가서 "주여!" 하고 머리를 숙여라. 주께서 회개의 은혜를 주실 것이고, 그래도 은혜가 없다면 하루라도, 아니면 한 끼라도 금식으로 머리를 숙이고 조용히 "주여!" 하고 있으라. 그리하면, 반드시 은혜를 주실 것이다.

너는 기도할 때에 네 골방에 들어가 문을 닫고 은밀한 중에 계신 네 아버지께 기도하라 은밀한 중에 보시는 네 아버지께서 갚으시리라 (마 6:6)

18

주님이 동생을 훈련시키시네

영의 질서 이야기가 나오면 동생이 생각난다. 동생이 고등학교 2학년 때였다. 장학금을 받으려면 기능 자격시험을 봐야 했는데, 시험일이 주일이라 '시험 때문에 예배를 빠질 수는 없다.'라고 생각하여 학교를 자퇴하고 검정고시로 서울대학교에 입학했다. 그때, 예비고사 시험 점수로는 서울대학교 법과대학에도 갈 수 있었는데 서양사학과에 갔다. 어쨌든, 그래서 동생이 서울에서 공부 잘하고 있는 줄 알았는데, 어느 날 최전방에서 철책선을 지키는 민정경찰로 있다고 편지가 왔다. 믿음을 지키려고 애쓰던, 착하고 공부밖에 모르던 동생이 뜬금없이 군에 가 있다니. 나중에 알고 보니 유물론(唯物論)에 빠져 주님을 떠난 동생은, 5공화국 시절이라 데모를 하다가 잡히는 바람에 쥐도 새도 모르게 민정경찰로 보내진 것이었다.

다들 알다시피 유물론에 빠지면 예수 그리스도를 인정할 수도, 믿을 수도 없다. 사악한 영감으로 만들어 낸 유물론에 사로잡혀 좋은 학교를 자퇴하면서까지 지켰던 믿음을 저버리고 주님을 떠나 버린 동생은 시간이 흐를수록 상황이 악화됐다.

한번은 동생이 서울 모 대형 교회의 목사가 설교를 잘못한다고 험담을 했는데, 침까지 튀겨 가며 얼굴이 붉다 못해 시퍼레져 내뱉는 한마디 한마디가 막무가내였고 가관이었다. 그럴 때면 같이 있기가 민망할 정도였다. 동생이 그렇게 변한 것을 보면서 이 말씀을 자주 생각했다.

> 더러운 귀신이 사람에게서 나갔을 때에 물 없는 곳으로 다니며 쉬기를 구하되 쉴 곳을 얻지 못하고 이에 이르되 내가 나온 내 집으로 돌아가리라 하고 와 보니 그 집이 비고 청소되고 수리되었거늘 이에 가서 저보다 더 악한 귀신 일곱을 데리고 들어가서 거하니 그 사람의 나중 형편이 전보다 더욱 심하게 되느니라 이 악한 세대가 또한 이렇게 되리라 (마 12:43~45)

긴 세월을 그렇게 보내던 동생은 어느 날 갑자기 눈에 이상이 생겨 앞이 잘 보이지 않아 병원에 갔다가 회복이 어렵다는 진단을 받았다고 했다. 의사의 말에 큰 충격을 받고, '이렇게 인생을 종 치는가?' 하는 생각과 함께 마음이 복잡해져 한강 다리를 떠올리기까지 했다고 한다. 그 시기에 서울에서 부산 친구 집으로 내려와 잠깐 머물면서 나에게 전화를 했는데, 통화 중에 나는 '하나님이 동생에게 맞춤형 징계를 내리셨구나.' 하는 직감이 들었다. 그렇게 동생은 나와 함께 교회에서 생활하게 되었다.

교회로 돌아와 생활한 지 2주 정도 되었을 무렵, 새벽 기도를 하던 동생은 "주를 크게 부르라." 하는 음성이 들려왔다고 한다. 동생은 당황하기도 했고,

막상 크게 부르려니 선뜻 용기가 나질 않아 머뭇거렸다고 했다. 음성이 다시 들려왔지만, 주위를 살펴보니 기도하는 사람들이 있어 이번에도 망설였는데, 그때 또다시 음성이 들려오자 부끄러움에도 불구하고 일어서서 강대상 쪽으로 나가 무릎 꿇고는 "주여!" 하고 큰 소리로 외쳤다고 한다.

그날부터 동생에게 큰 변화가 일어났다. 마치 부모가 없으면 불안해하는 어린아이처럼 형이 없으면 불안하다는 말을 하기 시작했다. 그때 동생 나이가 50세였다. 쉰 먹은 장년이 목사가 없으면 불안하다는 것이다. 그것도 대한민국에서 제일 똑똑한 것처럼 행동하며 유별스럽게 목사를 씹어 대고 우습게 알던 그 동생이 말이다. 목사가 없으면 불안해하고 안 보이면 어디에 있느냐고 전화까지 하는 참으로 신기한 일이 일어났다. 의사로부터 들은 눈이 회복되기가 어렵겠다는 충격적인 말로 절망감이 들도록 한 것도 이런 은혜를 주시기 위해 먼저 내리신 은혜였다. 그리고 다음 순서는 뻔한 것이다. 절망에 빠진 동생을 그냥 보고만 있을 악한 영, 사탄이 아니다.

사탄은 그런 기회를 놓치는 일이 없다. 사탄은 동생에게 '두 눈이 회복되기 힘들겠다는데 살아서 뭐 하나.' 하는 비관적인 생각만 들게 함으로써 스스로 죽음의 길을 택하도록 유혹하였을 것이다. 동생도 처음 의사의 진단을 받고는 한강 다리가 생각났다고 하였다. 예수님을 판 가룟 유다의 죽음은 자살 같지만, 알고 보면 사탄의 짓이다. 사탄이 가룟 유다에게 예수님을 팔도록 먼저 생각을 준 것이고(요 13:2), 생각을 행동으로 옮기게 한 자 역시 악한 영 사탄이었다(요 13:27). 사악한 사탄이 가룟 유다를 부려 먹고 죄책감에 사로잡히게 하여 스스로 목숨을 끊도록 한 것을 우리는 다 알고 있다(마 27:5). 그것이 악한 영 사탄이 하는 짓이다. 동생이 얼마나 절망했으면 처자를 서울에 두고 부산 친구 집으로 왔겠는가. 아마도 그때 동생은 매우 심각했을 것이다.

그러나 이러한 준비된 은혜로 인하여 형이 섬기는 교회까지 오게 되었고, 새벽 기도 중 세 번이나 "주를 부르라."라는 은혜에 힘입어 큰 소리로 주를 부르게 되었으며, 그때 동생에게 임한 은혜가 "형이 없으면 불안하다."라는 말이 나오도록 변화케 한 것이다. 이 말은 목사가 없으면 불안하다는 말과 같으니, 참으로 신기하게 변한 것이다. 다윗이 고백했듯이 주님이 하신 일은 신묘막측하여, 하루아침에 동생이 형을 형이 아니라 주의 종으로 보게 하셨다. 동생에게 시급한 것이 주의 종과의 관계 회복이었을 것이므로 그런 은혜를 먼저 주셨을 것이다.

시간이 갈수록 동생의 눈도 많이 좋아지는 것 같아서 둘이 동네 작은 산을 올랐다. 등산로를 따라 정상까지 갔다가 내려오는데, 뒤에서 따라오던 동생이 갑자기 앞서서 가더니 얼마 못 가서 걸음을 멈추고 삼거리에 우두커니 서서 나를 기다리고 있었다. "형님, 어느 쪽으로 갑니까?" 하고 묻기에 왼쪽 길이라고 하였더니 하는 말이 "올라올 때에 형님 뒤에서 따라 올라왔는데 내려갈 때는 왔던 길이라 나도 얼마든지 형님 앞에 서서 갈 수 있다는 것을 보여 주고 싶었다."라고 했다. 그러나 뒤따라오다가 앞서서 가는데 삼거리가 나왔고, 어디로 가야 할 줄 몰라 나에게 길을 물은 그때, "넌 내 종에게 모든 것을 도움받아야 한다."라고 주님께서 말씀하셨다고 한다. 쉽게 말하자면 "네가 알기는 뭘 알아? 네가 치켜들 머리가 어디 있느냐? 머리 숙이고 있으라."라고 말씀하신 것이다.

내가 저녁에 기도를 드리던 중에 동생이 와서 조심스럽게 내게 뭔가를 물은 적이 있는데, 그 순간 주께서 "내 종이 기도하는데 네가 왜 방해를 하느냐."라고 하시면서 동생을 심하게 꾸짖으셨다고 한다. "종의 기도를 방해했으니 내 종에게 뺨을 맞으라."라고 하신다면서 나더러 자기 뺨을 치라는 것이다. 이런 일은 처음이라 당황한 중에도 동생이 빨리 치라기에 치긴 쳤는데, 너무 살살 때렸는지 더 세게 때리라 하였다.

나 역시 어리벙벙한 상태로 뺨을 때리는 와중에도 안쓰러운 마음이 들었지만, 한편으로는 동생이 그동안 종들을 우습게 보고 씹고 또 씹었던 것에 비하면 사뿐히 주신 꾸지람에 불과하다는 생각이 들었다. 이제 동생과 함께 계시는 주님이 동생을 데리고 멀고도 험한 광야로 가실 것이다.

> 네 하나님 여호와께서 이 사십 년 동안에 네게 광야 길을 걷게 하신 것을 기억하라 이는 너를 낮추시며 너를 시험하사 네 마음이 어떠한지 그 명령을 지키는지 지키지 않는지 알려 하심이라 (신 8:2)

> 너를 인도하여 그 광대하고 위험한 광야 곧 불뱀과 전갈이 있고 물이 없는 간조한 땅을 지나게 하셨으며 또 너를 위하여 단단한 반석에서 물을 내셨으며 네 조상들도 알지 못하던 만나를 광야에서 네게 먹이셨나니 이는 다 너를 낮추시며 너를 시험하사 마침내 네게 복을 주려 하심이었느니라 (신 8:15~16)

동생은 주의 은혜로 눈이 많이 좋아져서 서울로 올라갔다.

19

영계의 질서를 훈련받는 다윗

이스라엘 군인들이 골리앗이라는 거인에게 벌벌 떨고 있을 때, 양치기 소년 다윗이 나타나 물맷돌로 이 거인을 한 방에 쓰러뜨렸다. 그 공로로 이스라엘 왕의 명을 받아 궁궐에 들어가게 된 다윗은 지혜와 용맹으로 왕에게 충성하였고, 왕은 다윗을 총사령관으로 임명하여 군을 다스리게 하였다. 총사령관이 된 다윗이 블레셋과의 전투에서 승리하여 개선장군이 되자 군중이 환호하며 이르기를,

> 여인들이 뛰놀며 노래하여 이르되 사울이 죽인 자는
> 천천이요 다윗은 만만이로다 한지라 (삼상 18:7)

이 함성에 심기가 매우 불편해진 왕이 생각하기를,

> 사울이 그 말에 불쾌하여 심히 노하여 이르되 다윗
> 에게는 만만을 돌리고 내게는 천천만 돌리니 그가
> 더 얻을 것이 나라 말고 무엇이냐 하고 (삼상 18:8)

군중의 함성을 들은 왕은, 군을 다스리게 된 다윗이 나중에는 왕의 자리까지 넘볼 것이라는 생각에 번뇌에 빠졌고, 결국 다윗을 제거하겠다고 마음먹었다. 그리고 이틀 만에 왕의 생각에 들어맞는 악한 영이 들러붙어 왕의 생각이 행동으로 드러났을 그때가 바로 다윗이 하나님께 수금으로 찬양을 드릴 때였다.

> 그가 스스로 이르기를 내가 다윗을 벽에 박으리라
> 하고 사울이 그 창을 던졌으나 다윗이 그의 앞에
> 서 두 번 피하였더라 여호와께서 사울을 떠나 다윗
> 과 함께 계시므로 사울이 그를 두려워한지라 (삼상
> 18:11~12)

죽이려고 한 다윗이 살아 있었으니 왕에게는 눈엣가시가 되었다. 사울왕은 다윗이 총사령관으로 있는 것이 불안하여 하루아침에 천부장으로 강등시켰으나, 그것만으로는 불안하여 왕의 딸 메랍을 이용하여 죽이기로 하였다. 그리하여 다윗에게 딸과 결혼하는 조건으로 이스라엘의 적 블레셋으로부터 나라를 지켜 달라는 그럴싸한 구실을 내걸었으나, 왕의 속마음은 달랐다.

> 이는 그가 생각하기를 내 손을 그에게 대지 않고 블레셋 사람들의 손을 그에게 대게 하리라 함이라 (삼상 18:17)

그러나 생각대로 되지 않자 왕은 메랍을 다른 사람과 혼인시켰고, 둘째 딸 미갈을 똑같이 이용하려다가 이 역시 실패로 끝났다. 이에 왕은 꼼수를 접고 다윗을 제거하라는 명까지 내렸다. 이런 와중에 전쟁이 터지자 다시 출정한 다윗이 블레셋과의 전쟁에서 승리하여 돌아왔고, 전쟁에서 승리하게 하신 하나님께 수금으로 찬양을 드릴 때, 왕은 다윗을 벽에 박아 죽이겠다고 단창을 또 날렸다.

> 사울이 손에 단창을 가지고 그의 집에 앉았을 때에 여호와께서 부리시는 악령이 사울에게 접하였으므로 다윗이 손으로 수금을 탈 때에 사울이 단창으로 다윗을 벽에 박으려 하였으나 그는 사울의 앞을 피하고 사울의 창은 벽에 박힌지라 다윗이 그 밤에 도피하매 (삼상 19:9~10)

놀란 다윗은 급히 집으로 피신하였고, 사무엘 선지자가 있는 나욧으로 갔다. 그러나 나욧까지 자객들을 데리고 온 왕을 본 다윗은 이스라엘을 떠나기로 마음먹고 가드 왕 아기스에게 망명하려 했지만, 생각대로 되지 않았다. 우여곡절 끝에 아둘람에 은신하다가 엔게디 황무지로 와 있을 때, 이 정보를 얻은 사울왕이 정예 3,000명을 이끌고 왔다. 그러나 다윗을 찾지 못하자 왕과 장군들은 곤하여 엔게디 굴속에서 잠에 곯아떨어졌고, 잠든 사울왕이 있는 곳으로 간 다윗의 충신들이 다윗에게 말하기를,

> 여호와께서 당신에게 이르시기를 내가 원수를 네 손에 넘기리니 네 생각에 좋은 대로 그에게 행하라 하시더니 이것이 그 날이니이다 (삼상 24:4)

이 말에 흔들린 다윗은 잠든 사울왕의 겉옷 자락을 조심스럽게 칼로 조금 베었으나 바로 마음에 찔려 충신들에게 말하기를 '하나님이 세운 왕을 해치는 것은 하나님이 금하신 것'이라 가르치고 그곳을 떠났다.

> 그리 한 후에 사울의 옷자락 벰으로 말미암아 다윗의 마음이 찔려 자기 사람들에게 이르되 내가 손을 들어 여호와의 기름 부음을 받은 내 주를 치는 것은 여호와께서 금하시는 것이니 그는 여호와의 기름 부음을 받은 자가 됨이니라 하고 다윗이 이 말로 자기 사람들을 금하여 사울을 해하지 못하게 하니라 사울이 일어나 굴에서 나가 자기 길을 가니라 (삼상 24:5~7)

다윗은 엔게디 황무지를 나와 하길라산으로 피신하였지만, 왕은 또한 이 정보를 알아내 정예 3,000명을 거느리고 하길라산으로 갔다. 이번에도 다윗의 행적을 알 수가 없자 부대를 진을 치게 하였고, 왕과 충신들은 다시 잠에 곯아떨어졌다. 다윗은 이번에는 충성스러운 아비새를 데리고 잠에 빠진 사울왕 머리 가까이에 갔다. 머리 곁에 꽂혀 있는 왕의 창을 본 아비새가 다윗에

게 이르기를,

아비새가 다윗에게 이르되 하나님이 오늘 당신의 원수를 당신의 손에 넘기셨나이다 그러므로 청하오니 내가 창으로 그를 찔러서 단번에 땅에 꽂게 하소서 내가 그를 두 번 찌를 것이 없으리이다 하니 (삼상 26:8)

다윗이 아비새에게 이르되 죽이지 말라 누구든지 손을 들어 여호와의 기름 부음 받은 자를 치면 죄가 없겠느냐 하고 다윗이 또 이르되 여호와께서 살아 계심을 두고 맹세하노니 여호와께서 그를 치시리니 혹은 죽을 날이 이르거나 또는 전장에 나가서 망하리라 내가 손을 들어 여호와의 기름 부음 받은 자를 치는 것을 여호와께서 금하시나니 너는 그의 머리 곁에 있는 창과 물병만 가지고 가자 하고 (삼상 26:9~11)

긴 세월을 자신을 죽이려고 발버둥 친 사울왕이 자신의 발아래 누운 채로 자고 있었으나, 다윗은 하나님이 싫어하시는 것이라 차마 그를 죽이지 못하였고, 왕이 살아 있는 동안 자신을 죽일 것이라며 블레셋 족속에 속한 가드 왕 아기스에게로 피신하겠다고 마음을 먹는다.

다윗이 그 마음에 생각하기를 내가 후일에는 사울의 손에 붙잡히리니 블레셋 사람들의 땅으로 피하여 들어가는 것이 좋으리로다 사울이 이스라엘 온 영토 내에서 다시 나를 찾다가 단념하리니 내가 그의 손에서 벗어나리라 하고 (삼상 27:1)

다윗은 목숨을 걸고 나라를 위해 싸운 훌륭한 장군이다. 전쟁에서 이기게 하신 하나님께 수금으로 찬양을 드리는 장군을 죽이려고 여러 번 단창을 던진 자가 사울왕이었다. 나라를 위해 왕에게 충성한 것밖에 없는 장군을 잡으려고 3,000명의 정예를 이끌고 두 번이나 출동하였다. 이런 왕에게 저항 한 번 없이 도피만 한 장군 다윗이다. 이것이 가능한 것은 다윗이 소년 시절, 양을 지킬 때 사자나 곰이 와서 양을 물고 가면 따라가 그것들의 수염을 잡고 쳐 죽여 양을 구해 냈다(삼상 17:34~35). 그런데 소년 다윗이 사자나 곰을 상대하여 싸울 수가 있을까? 도저히 불가능한 일이다. 그렇지만 사실이다. 그것이 가능한 것은 주가 주신 은혜로 한 것이기 때문이다. 지금도 다윗은 그 은혜를 받고 있다.

죄 없는 자신의 목숨을 노리는 왕을 몇 번이나 죽일 기회가 있었음에도 도피한 것 역시 주가 주신 은혜였다. 이처럼 다윗에게 은혜를 부어 주신 것은 영계의 질서를 지키는 훈련을 위함이었다.

사울왕의 죄는 쌓이고 쌓였다. 다윗을 도와주었다는 이유만으로 제사장 85명을 죽이게 한 자가 사울왕이다(삼상 22:18). 이런 사울왕을 다윗이 죽일 수 없도록 하신 것은 하나님이 사울에게 기름을 부어 이스라엘 왕으로 세워 주셨기 때문이다.

하나님이 지명하여 세운 자는 죽이는 것도 살리는 것도 절대적으로 하나님이 하실 영역이다. 하나님의 영역에 선악과로 인하여 타락된 것들이 끼어들면 안 된다는 것을 훈련받은 자가 다윗이다. 이러한 훈련을 10년이 넘도록 다윗이 받아야 했던 것은 악한 영 사탄으로 말미암아 타락된 인간은 질서를 허물려고 하는 사탄의 기질을 그대로 가지고 있기 때문이다. 다윗이 영계의 질서를 지키는 훈련을 받을 때 사용된 자가 하나님의 창조 질서를 허물려고 한 악한 영에게 사로잡힌 사울왕이었다. 반면, 악한 영은 하나님이 세운 사울왕을 다윗의 손에 죽게 함으로써 영계의 질서를 무너트리려고 사울왕을 가지고 다윗에게 온갖 짓을 다 했다. 그러나 끝까지 영계의 질서를 지킨 자가 다윗이다. 이런 다윗을 두고 하신 말씀이 다음과 같다.

> 내 마음에 맞는 사람이라 내 뜻을 다 이루리라 하시더니 (행 13:22)

사탄은 욥을 쓰러트리려고 온갖 사악한 짓을 다 하였다. 욥의 자녀들을 죽였고, 모든 재산을 다 빼앗았으며, 욥을 병까지 들게 하였다. 그럼에도 욥은 그의 입술로 하나님을 원망하는 죄를 범하지 않았다. 이와 같이, 사탄은 다윗이 영계의 질서를 무너트리게 하려고 사울왕을 이용해 온갖 짓을 다 한 것이다. 사울왕이 다윗에게 단창을 던진 것도, 사울왕을 죽일 수 있는 두 번의 기회를 다윗에게 만들어 주셨던 것도 다윗의 훈련을 위한 하나님의 섭리였다. 다윗을 잡으러 간 사울왕이 한 번도 아니고 두 번이나 잠에 곯아떨어졌을 때,

다윗이 충신들과 사울왕의 머리 앞까지 갈 수 있었던 것 역시 하나님이 그들을 깊은 잠에 빠지도록 하셨기 때문이다.

> 다윗이 사울의 머리 곁에서 창과 물병을 가지고 떠나가되 아무도 보거나 눈치 채지 못하고 깨어 있는 사람도 없었으니 이는 여호와께서 그들을 깊이 잠들게 하셨으므로 그들이 다 잠들어 있었기 때문이었더라 (삼상 26:12)

하나님 일에 대적하는 자로 쓰임을 받은 사울왕은 블레셋과의 전투에서 화살에 맞아 중상을 입은 채 쫓기다가 블레셋 족속에게 죽임을 당하는 것은 치욕스럽다 여겨 스스로 목숨을 끊었다(삼상 31:3~4). 그런데 아말렉 사람이 사울왕을 자신이 죽인 것처럼 꾸몄다. 그가 증거물로 보여 준 면류관과 팔찌가 사울왕의 것임을 확인한 다윗이 아말렉 사람에게 이르기를,

> 다윗이 그에게 이르되 네가 어찌하여 손을 들어 여호와의 기름 부음 받은 자 죽이기를 두려워하지 아니하였느냐 하고 다윗이 청년 중 한 사람을 불러 이르되 가까이 가서 그를 죽이라 하매 그가 치매 곧 죽으니라 (삼하 1:14~15)

아말렉 사람은 다윗과 사울왕은 서로 원수 같을 것이라 여겨 사울을 죽였다고 하면 큰 포상이라도 받을 것으로 알고 거짓을 말하였으나, 10년 넘게 영계의 질서를 훈련받은 다윗에게 죽게 된 것이다. 하나님께 기름 부음을 받

고 세움을 입은 자는, 그가 누구건, 어떤 행위를 했건 해치면 안 된다는 것을 뼈저리게 훈련받은 자가 다윗이다. 성경 인물 중 영계의 질서를 이처럼 훈련받은 인물은 다윗뿐일 것이다.

다윗이 이스라엘을 통일시킨 것보다 더 큰 업적은 사탄이 무너뜨리려 한 영계의 질서를 지킨 것이다. 영계의 질서를 한눈에 알 수 있는 곳이 있다. 모세가 세상을 떠났을 때 육의 눈으로 볼 수 없는 천사장 미가엘과 악한 영 사탄 사이에서 그 시신을 두고 논쟁이 일어났다. 천사장 미가엘은 천상에서는 최고의 전투력을 가진 전투 전문 천사장이다. 계시록 12장에 잘 나와 있다. 그러니 미가엘은 사탄에게 "너는 하나님으로부터 저주받은 마귀가 아니냐. 네가 감히 모세 시신에 흠을 잡느냐." 하고 꾸짖어 물리쳐야 하는데, 오히려 그 자리를 떠나면서 하는 말이 "주께서 너를 꾸짖으시기를 원하노라." 하고 주님께 미루고 떠났다. 마치 다윗이 사울왕을 피하여 블레셋으로 간 것과 같았다.

> 천사장 미가엘이 모세의 시체에 관하여 마귀와 다투어 변론할 때에 감히 비방하는 판결을 내리지 못하고 다만 말하되 주께서 너를 꾸짖으시기를 원하노라 하였거늘 (유 1:9)

천사장 미가엘은 자신이 할 수 있는 것을 왜 주께 미룬 것일까? 그것이 영계의 질서이기 때문이다. 하나님께 저주를 받아 하나님을 대적하는 악한 영 사탄이 되었지만, 그 옛날 그는 하나님에게 기름 부음을 받아 세움을 입었던 자였기에 미가엘 천사장이 어떻게 할 수가 없었으니 주께 미룬 것이다. 이것이 영계의 질서이다.

주의 종들을 육의 눈으로만 보고 이성의 사고로 판단한다면 다윗의 충신들처럼 눈뜬장님이 될 것이다. 사악한 사울왕이 피곤함에 곯아떨어진 것을 본 다윗의 충신 아비새가 다윗에게 고하기를,

> 하나님이 오늘 당신의 원수를 당신의 손에 넘기셨나이다 그러므로 청하오니 내가 창으로 그를 찔러서 단번에 땅에 꽂게 하소서 내가 그를 두 번 찌를 것이 없으리이다 하니 다윗이 아비새에게 이르되 죽이지 말라 누구든지 손을 들어 여호와의 기름 부음 받은 자를 치면 죄가 없겠느냐 하고 (삼상 26:8~9)

　주께 영의 은혜를 공급받는 자와 그러지 못한 자의 차이는 이처럼 극과 극이 된다. 복음을 위하여 바울처럼 환난과 고통을 받은 자도 없을 것이다.
　복음 때문에 고통받은 것에 대해 사도 바울은 말하기를,

> 그들이 그리스도의 일꾼이냐 정신없는 말을 하거니와 나는 더욱 그러하도다 내가 수고를 넘치도록 하고 옥에 갇히기도 더 많이 하고 매도 수없이 맞고 여러 번 죽을 뻔하였으니 유대인들에게 사십에서 하나 감한 매를 다섯 번 맞았으며 세 번 태장으로 맞고 한 번 돌로 맞고 세 번 파선하고 일 주야를 깊은 바다에서 지냈으며 여러 번 여행하면서 강의 위험과 강도의 위험과 동족의 위험과 이방인의 위험과 시내의 위험과 광야의 위험과 바다의 위험과 거짓 형제 중의 위험을 당하고

> 또 수고하며 애쓰고 여러 번 자지 못하고 주리며 목마
> 르고 여러 번 굶고 춥고 헐벗었노라 (고후 1:23~27)

이런 바울이 영계의 질서 앞에서 어떻게 반응했는지 볼 필요가 있다. 사람은 본능적으로 목숨을 가장 중히 여긴다. 그 목숨을 걸고 복음을 전하던 사도 바울을 잡아 심문하는 대제사장은 율법에 근거하여 심문한 것이 아니라 율법에 반하는 심문을 했다. 율법에 박식한 바울은 대제사장을 바로 책망하였다.

> 바울이 이르되 회칠한 담이여 하나님이 너를 치시리
> 로다 네가 나를 율법대로 심판한다고 앉아서 율법을
> 어기고 나를 치라 하느냐 하니 (행 23:3)

바울의 말을 들은 자가 바울에게 그는 대제사장이라고 타이르자 지체 없이 바울은 말하기를,

> 바울이 이르되 형제들아 나는 그가 대제사장인 줄
> 알지 못하였노라 기록하였으되 너의 백성의 관리를
> 비방하지 말라 하였느니라 하더라 (행 23:5)

자신을 잡아들여 심문하는 저자는 주님을 대적하는 자요, 복음을 가로막는 사악한 자이지만, 그가 대제사장임을 알게 된 후 율법을 범하고 심문한 허물은 덮어 두었고, 오히려 대제사장인 줄 모르고 비방한 자신이 회개했다. 이는 상대가 기름 부음을 받은 대제사장이었기 때문이다.

성도는 영의 세계에 질서가 있음을 절대로 잊지 말아야 한다. 하나님이 세우신 질서를 무너뜨리려 한 자가 악한 영 사탄이었다는 것도 잊지 말아야 한다. 또한, 모든 인간은 악한 영 사탄에 의해 타락되었으므로, 그와 같은 기질을 가지고 있다는 것도 잊지 말아야 할 것이다.

20

고라의 반란

이스라엘은 12지파로 구성되어 있었으나, 하나님의 일을 할 수 있는 지파는 레위 지파뿐이었다. 레위 지파 중에서도 기름 부음을 받고 제사장직을 맡을 수 있는 이는 아론의 혈통만 가능했었다. 이러한 아론은 대제사장이요, 그의 아들들은 제사장이었다. 그 외에 많은 레위인은 기름 부음을 받은 제사장의 일을 돕는 자들이었으므로 하나님은 레위인을 제사장에게 준 선물이라고 하셨다.

> 보라 내가 이스라엘 자손 중에서 너희의 형제 레위인을 택하여 내게 돌리고 너희에게 선물로 주어 회막의 일을 하게 하였나니 (민 18:6)

레위 지파에 속한 모세는 하나님의 종으로, 모세의 형 아론은 대제사장으로, 아론의 아들들은 제사장으로 있다 보니 같은 레위 지파이자 모세의 사촌이었던 고라는 이러한 제도에 불만을 가졌다(민 16:10). 제도에 불만을 가진 자에게서 선한 것이 나올 수 없듯, 고라는 이런 생각도 했을 것이다. '자기들 형제끼리 좋은 것은 다 차지하네. 그래, 모세는 그렇다 치고, 왜 제사장은 아론의 아들들만 하는 거야?' 그런 생각은 고라뿐만 아니라 고라의 족속이라면 누구나 한두 번은 할 만도 했을 것이다. 왜 그런가? 고라 족속은 다른 레위인들보다 훨씬 소중한 일을 하고 있었기 때문이다(민 3:31). 그럼에도 불구하고 고라 자신은 제사장이 될 수 없다는 것을 못마땅하게 생각한 터라, 그는 늘 시한폭탄을 안고 있는 자였다. 평상시 모세와 아론에게 불평하던 다단, 아비람, 온 그리고 족장 250명을 데리고 모세와 아론에게 반기를 들며 고라가 말하기를,

> 너희가 분수에 지나도다 회중이 다 각각 거룩하고
> 여호와께서도 그들 중에 계시거늘 너희가 어찌하여
> 여호와의 총회 위에 스스로 높이느냐 (민 16:3)

고라 무리의 말은 "하나님이 너희에게만 은혜를 주시고 너희에게만 계시냐, 우리에게도 은혜를 주시고 우리에게도 계신다. 너희나 우리나 동일한데 너희가 무엇이 특별하다고 우리 위에서 군림하느냐."였다. 모세가 하나님의 종이 되고 싶어 된 것은 아니다. 아론 역시 대제사장이 되고 싶어 된 것이 아니다. 아론의 아들들에게만 제사장직을 주고 싶어서 준 것도 아니다. 모세와 아론이 영적 권위를 더 갖고 싶어 해서 가진 것도 아니다. 이 모든 것을 하나님이 하셨다. 하나님이 세우신 영적 지도자에게 떼를 지어 "너희가 무엇인데

너희 스스로 높이느냐?"라고 한 것은 전형적인 악한 영인 사탄의 수법이다. 결국 고라는 사탄의 올무에 걸려든 것이다. 먼 옛날 사탄의 궤계에 속은 천사들이 자기의 지위를 지키지 않고 자기 처소를 떠난 것같이(유 1:6) 된 것이다. 이런 사건은 오늘날의 교회에서도 흔히 볼 수 있는 문제이다.

교회에 어려운 일이 있을 때마다 소리 소문 없이 충성스럽게 일을 잘 하는 일꾼이 어느 날 갑자기 "교회 일을 내가 다 했노라."라고 떠벌리고 다니면서 종을 공격한다면, 생각할 것도 없이 악한 영 사탄의 올무에 걸려든 것이다. 왜 사탄의 올무에 걸려들었다고 하는가 하면, 선악과 사건 이후로 모든 사람은 예수님을 싫어하고 교회를 싫어하게 되어 있기 때문이다. 그런 죄의 속성을 가진 사람이 교회를 위해 묵묵히 헌신했다면, 이는 그가 할 수 없는 일이므로 그가 한 것이 아니다. 주님이 헌신할 수 있는 은혜를 주신 것이다(고전 15:10, 요 15:5). 그렇기에 은혜로 한 것을 내가 했노라고 하는 것은, 생각할 것도 없이 악한 영 사탄의 올무에 걸린 성도라고 보면 정확하다.

이처럼 하나님이 세우신 영계의 질서를 무너뜨리려 한 이런 일을 최초로 일으킨 것은 까마득히 먼 옛날 최고의 천사였던 루시퍼였다. 루시퍼가 하나님같이 되겠다고 반란을 일으키려다가 하나님께 그의 결심이 읽혀 박살이 나면서 지옥의 주인으로 처박힐 무시무시한 사건이었다. 그와 비슷하게 고라 무리를 이용하여 모세와 아론의 영적 권위를 무너뜨리려고 사탄이 그 옛날처럼 움직인 것이다. 가룟 유다가 스승 예수님을 은 삼십에 넘겼을 때 사탄이 가룟 유다에게 들어갔다고 기록된 것처럼(요 13:27), 사탄이 고라와 그 무리가 반란을 일으키도록 충동질을 한 것이다.

고라 무리가 떼 지어 찾아와 하는 말에 대책이 없었던 모세는 지체 없이 기도를 올려 하나님으로부터 응답을 받았고, 무리에게 이르기를 "하나님이 내일 향료를 들고 회막 앞으로 모이라고 하셨다."라고 하였다.

다음 날 주동자 고라와 아비람, 다단, 온, 족장 250명이 향로를 든 채 회막 앞으로 모였을 때,

> 땅이 그 입을 열어 그들과 그 가족과 고라에게 속한 모든 사람과 그 물건을 삼키매 (민 16:32 – 개역 한글)

> 여호와께로부터 불이 나와서 분향하는 이백오십 명을 불살랐더라 (민 16:35)

주동자 고라는 가족과 함께 소멸되었다.

왜 향료를 들고 모이라고 하셨을까? 향료는 향을 피우는 데 사용한다. 성경에서 향을 피우는 것은 기도를 의미하는데(계 5:8) 그들이 무슨 기도를 한다고 향료를 가지고 오라고 하셨던 걸까? 하나님은 반란을 일으킨 그들의 목숨을 거두겠다는 생각을 하셨다. 죽음을 앞둔 성도가 꼭 해야 하는 기도가 회개 기도이므로, 회개 기도를 의미하는 향료를 가지고 나오라고 하신 것이다. 세상에서 뭐니 뭐니 해도 죽는다는 것보다 큰 두려움은 없을 것이다. 그런데 반란을 일으킨 고라 일당이 죽음을 당한 지 이틀 되는 날, 이번에는 14,700명이 모여 모세와 아론을 원망하고 덤벼든 사건이 터졌다. 이는 이해하기 어려운 사건이다.

고라가 반란으로 숨진 것이 몇 년 전도 아니고 불과 이틀 전이었는데 누가

죽을 것을 알면서 모세와 아론에게 대항하겠는가? 사람이 할 수 없는 그런 행동을 할 수 있도록 한 것은 악한 영 사탄이다. 반란을 일으킨 고라 일당이 목숨을 잃음으로 인해 악의 불이 꺼져 갈 무렵, 악한 영 사탄은 악의 불씨를 되살려 14,700명에게 충동질을 하였고, 그것에 진노하신 하나님이 14,700명의 목숨을 다시 거두셨다.

이튿날 이스라엘 자손의 온 회중이 모세와 아론을 원망하여 이르되 너희가 여호와의 백성을 죽였도다 하고 회중이 모여 모세와 아론을 칠 때에 회막을 바라본즉 구름이 회막을 덮었고 여호와의 영광이 나타났더라 모세와 아론이 회막 앞에 이르매 여호와께서 모세에게 말씀하여 이르시되 너희는 이 회중에게서 떠나라 내가 순식간에 그들을 멸하려 하노라 하시매 그 두 사람이 엎드리니라 이에 모세가 아론에게 이르되 너는 향로를 가져다가 제단의 불을 그것에 담고 그 위에 향을 피워 가지고 급히 회중에게로 가서 그들을 위하여 속죄하라 여호와께서 진노하셨으므로 염병이 시작되었음이니라 아론이 모세의 명령을 따라 향로를 가지고 회중에게로 달려간즉 백성 중에 염병이 시작되었는지라 이에 백성을 위하여 속죄하고 죽은 자와 산 자 사이에 섰을 때에 염병이 그치니라 고라의 일로 죽은 자 외에 염병에 죽은 자가 만 사천칠백 명이었더라 (민 16:41~49)

이 사건에서 보듯이 주의 종을 괴롭히는 성도는 주님을 의식하지 않는다는 특징이 있다. 이는 이미 사탄에게 통로를 열어 놓아 사탄이 흘린 생각에 사로잡혔기 때문이다. 인간에게는 사탄이 못된 짓을 할 수 있는 토양이 있으므로 사탄에게 쉽게 당한다. 선악과를 먹은 육에 사탄의 것이 잘 반죽되어 있기 때문이다. 그래서 주를 영접하여도 사탄의 사주에 걸려드는 것이다. 특히 사탄의 교만과 참소에 걸려들면 두려움을 잊고 고라 일당처럼 되는데, 이때는 대책이 없다.

성도가 사탄에게 걸려든 고라 일당과 비슷한 죄를 앞에서든 뒤에서든 범한다면 반드시 주께서 물으실 것이며, 후손에게도 영향이 갈 수 있다. 주동자 고라가 가족까지 죽음의 길로 몰고 간 것을 보면 그런 죄는 후손에게도 분명히 영향을 준다(고전 10:11). 그래서 회개가 있는 것이다.

전도사 시절이었다. 마산에 있는 벧엘기도원에 처음으로 갔을 때, 집회를 마친 시간이라 개인 기도를 하려고 본당을 걷고 있는데, 누가 "전도사님, 전도사님!" 하고 부르는 것이다. 처음 온 곳인데 나를 아는 사람이 있나 싶어 돌아봤더니 전혀 모르는 50대 남성이 누워 있었다. 마른 몸에 얼굴은 거무튀튀한 것이 한눈에 봐도 아픈 사람 같았다. 처음 보는 나에게 대뜸 자신이 다니는 교회 목사님 험담과 상스러운 말들을 해 왔는데, 듣기 민망하였다. 그때 일행으로 보이는 이가 이 사람은 간암 말기라고 알려 주었다. 간암 말기라면 죽음을 눈앞에 둔 자로, 병원에서도 어떻게 더는 방법이 없다고 했을 것이다. 그래서 혹시 기도원에 가면 살 수 있으려나 하고 왔을 것인데, 그곳에서도 목사님을 향한 증오심을 생면부지인 나에게 다짜고짜 드러낸 것은 악한 영 사탄에게 사로잡혀 있었기 때문이다. 고라 사건 고작 이틀 후에 14,700명이 다시 사탄의 사주를 받아 하나님에 대한 두려움도, 죽음에 대한 두려움도 없이 모세와 아론에게 덤벼든 것처럼, 간암 말기인 이 성도도 사탄의 올무에 걸려 아무 두려움이 없었던 것이다. 이 무서운 악한 영의 올무를 풀어 줄 수 있는 것은 주님이 주시는 회개의 은혜뿐이다.

궁금한 것은 그 성도가 내가 전도사인지 어찌 알고 나를 불렀는가 하는 점이었는데, 아마도 그를 잡고 있는 악한 영이 그 사람의 입을 사용했으리라.

고라가 그의 일당과 함께 모세와 아론에게 대적한 것은 제사장직을 요구하기 위해서였는데(민 16:10) 이들이 제사장직을 넘본 것은 성물 중에서도 가장 귀히 여기는 성물들을 옮기는(민 3:30~31) 직분을 받았기 때문이다. 이에 분에 넘치는 생각을 할 수도 있었을 것이다. 마치 하나님께 분에 넘치는 직분을 받은 루시퍼가 교만하여 자신이 하나님과 동등해지겠다고 반란을 일으킨 것처럼, 고라도 그렇게 시작된 것이다. 사탄의 사주가 있었음이 분명하다.

제사장직을 요구한 고라에게 모세가 말하기를,

> 모세가 또 고라에게 이르되 너희 레위 자손들아 들으라 이스라엘의 하나님이 이스라엘 회중에서 너희를 구별하여 자기에게 가까이 하게 하사 여호와의 성막에서 봉사하게 하시며 회중 앞에 서서 그들을 대신하여 섬기게 하심이 너희에게 작은 일이겠느냐 하나님이 너와 네 모든 형제 레위 자손으로 너와 함께 가까이 오게 하셨거늘 너희가 오히려 제사장의 직분을 구하느냐 (민 16:8~10)

고라 사건으로 인하여 이스라엘 백성들은 엄청난 대가를 두 번 치렀다. 두 번이나 하나님의 진노하심을 보고서야 제사장은 하고 싶다고 할 수 있는 것이 아니구나 하고 깨달은 것이 아니라, 여전히 긴가민가 헷갈리면서 죽음의 공포 앞에 그들의 욕망이 쪼그라든 것이다. 그리하여 이때 주신 은혜가 12지파 족장들의 지팡이에 각각 이름을 써서 법궤 앞에 놓도록 하셨고, 다음 날 법궤 앞에 놓인 지팡이를 보니 아론의 지팡이에만 살구꽃이 피어 열매를 맺게 하신 것으로, 이를 보고서야 그들은 비로소 하나님이 세우신 자가 있음을 안 것이다. 주시는 은혜가 없다면 뭔들 알 수가 있겠나.

여호와께서 모세에게 말씀하여 이르시되 너는 이스라엘 자손에게 말하여 그들 중에서 각 조상의 가문을 따라 지팡이 하나씩을 취하되 곧 그들의 조상의 가문대로 그 모든 지휘관에게서 지팡이 열둘을 취하고 그 사람들의 이름을 각각 그 지팡이에 쓰되 레위의 지팡이에는 아론의 이름을 쓰라 이는 그들의 조상의 가문의 각 수령이 지팡이 하나씩 있어야 할 것임이니라 그 지팡이를 회막 안에서 내가 너희와 만나는 곳인 증거궤 앞에 두라 내가 택한 자의 지팡이에는 싹이 나리니 이것으로 이스라엘 자손이 너희에게 대하여 원망하는 말을 내 앞에서 그치게 하리라 모세가 이스라엘 자손에게 말하매 그들의 지휘관들이 각 지파대로 지팡이 하나씩을 그에게 주었으니 그 지팡이가 모두 열둘이라 그 중에 아론의 지팡이가 있었더라

> 모세가 그 지팡이들을 증거의 장막 안 여호와 앞
> 에 두었더라 이튿날 모세가 증거의 장막에 들어가
> 본즉 레위 집을 위하여 낸 아론의 지팡이에 움이 돋
> 고 순이 나고 꽃이 피어서 살구 열매가 열렸더라 (민
> 17:1~8)

살구꽃이 피고 열매를 맺은 아론의 지팡이를 본 레위 지파는 다른 지파보
다 더 놀랐을 것이며, 그중에서도 반역의 주역이었던 고라 족속은 많이 허탈
했을 것이다. 고라의 족속들만이 가졌던 그 우월감이 아론의 지팡이에만 맺
은 살구 열매를 보고 무너지면서 고라 일당과 며칠 전에 목숨을 잃은 이들이
생각났을 것이다. 반란을 정리하신 하나님은 이런 일이 다시는 일어나지 않
도록 제사장의 일에 고라 족속이 일절 접근하지 못하게 함으로써 그들의 생
명을 보호받게 하라고 말씀하셨다.

> 여호와께서 또 모세와 아론에게 말씀하여 이르시되
> 너희는 고핫 족속의 지파를 레위인 중에서 끊어지게
> 하지 말지니 그들이 지성물에 접근할 때에 그들의
> 생명을 보존하고 죽지 않게 하기 위하여 이같이 하
> 라 아론과 그의 아들들이 들어가서 각 사람에게 그
> 가 할 일과 그가 멜 것을 지휘하게 할지니라 그들은
> 잠시라도 들어가서 성소를 보지 말라 그들이 죽으리
> 라 (민 4:17~20)

영계의 질서를 위하여 긴 세월을 훈련받은 다윗은 시편 23편에 이렇게 기록하였다.

> 여호와는 나의 목자시니 내게 부족함이 없으리로다
> 그가 나를 푸른 풀밭에 누이시며 쉴 만한 물 가로 인
> 도하시는도다 내 영혼을 소생시키시고 자기 이름을
> 위하여 의의 길로 인도하시는도다 내가 사망의 음침
> 한 골짜기로 다닐지라도 해를 두려워하지 않을 것은
> 주께서 나와 함께 하심이라 주의 지팡이와 막대기가
> 나를 안위하시나이다 주께서 내 원수의 목전에서 내
> 게 상을 차려 주시고 기름을 내 머리에 부으셨으니
> 내 잔이 넘치나이다 (시 23:1~5)

이 말씀은 영계의 질서를 잘 지켜 온 성도들이 특별히 누렸으면 좋겠다는 생각이 든다. 다윗은 영계의 질서를 지키는 훈련을 10년 넘도록 받은 자이니, 그처럼 영계의 질서를 잘 알고 잘 지킨 자는 없을 것이다. 틈만 나면 영계의 질서를 무너트리려 드는 사탄의 궤계가 안팎으로 가릴 것 없이 난무하는 세상에서 가장 난코스라 할 만한 영의 질서를 지키는 자가 어찌 복 있는 자가 아니겠는가.

흔히 말하기를, 인격 좋은 자를 좋아하고 존경한다고 한다. 그러나 존경스러운 인격을 가진 자도 악의 올무에 걸리면 뒤통수를 때릴 때는 사정없이 때린다는 것을 알아야 한다. 모세는 자신이 잘 아는 덕망 있는 70명을 회막 앞으로 데려가 기름 부음을 받게 하여 지도자로 세웠으나, 훗날 반란을 일으킨 고라 무리에 그중 일부가(민 16:3) 있었다. 본래 죄란 그런 것이다.

모세가 70명에게 기름 부음을 받도록 한 것은 백성들의 원망과 불평을 듣고 하나님께 이런 기도를 드렸기 때문이다.

> 모세가 여호와께 여짜오되 어찌하여 주께서 종을 괴롭게 하시나이까 어찌하여 내게 주의 목전에서 은혜를 입게 아니하시고 이 모든 백성을 내게 맡기사 내가 그 짐을 지게 하시나이까 이 모든 백성을 내가 배었나이까 내가 그들을 낳았나이까 어찌 주께서 내게 양육하는 아버지가 젖 먹는 아이를 품듯 그들을 품에 품고 주께서 그들의 열조에게 맹세하신 땅으로 가라 하시나이까 이 모든 백성에게 줄 고기를 내가 어디서 얻으리이까 그들이 나를 향하여 울며 이르되 우리에게 고기를 주어 먹게 하라 하온즉 책임이 심히 중하여 나 혼자는 이 모든 백성을 감당할 수 없나이다 주께서 내게 이같이 행하실진대 구하옵나니 내게 은혜를 베푸사 즉시 나를 죽여 내가 고난 당함을 내가 보지 않게 하옵소서 (민 11:11~15)

기도를 들으신 하나님이 모세에게 이르시기를,

> 여호와께서 모세에게 이르시되 이스라엘 노인 중에 네가 알기로 백성의 장로와 지도자가 될 만한 자 칠십 명을 모아 내게 데리고 와 회막에 이르러 거기서 너와 함께 서게 하라 내가 강림하여 거기서 너와 말하고 네게 임한 영을 그들에게도 임하게 하리니 그들이 너와 함께 백성의 짐을 담당하고 너 혼자 담당하지 아니하리라 (민 11:16~17)

고라 무리의 반란을 보면서 기름 부음을 받고 종을 도우며 노심초사 수고하시는 장로님들이 '기름 부음 받은 건 마찬가지인데 종이나 우리나 무엇이 다른가.'라는 생각을 한다면, 제 스스로 하나님과 비기리라고(사 14:14) 한 그자가 주는 유혹에서 빠져나오기 쉽지 않을 것이다. 영의 질서에 대하여 알지도 못하고 훈련받지 못해 사람에게만 충성한 아비새가 생각나기도 한다.

21

그 돈 받지 마라

매달 특별 헌금을 하겠다는 집사님이 별도로 몇 번 봉투를 주셔서 받았는데, 어느 날은 주님이 "그 돈 받지 마라."라고 하셔서 그 자리에서 돌려주었다. 왜 받지 말라고 하셨을까? 이분이 뒤에서 은근히 교회 험담을 많이 한다는 이야기가 있던데, 혹시 그 말이 사실인 걸까? 아니면 그날 주었던 그 돈이 건전한 돈이 아니었나? 여러 가지로 생각하면서 신명기 말씀을 떠올렸다.

> 창기가 번 돈과 개 같은 자의 소득은 어떤 서원하는 일로든지 네 하나님 여호와의 전에 가져오지 말라 이 둘은 다 네 하나님 여호와께 가증한 것임이니라 (신 23:18)

그분은 창기는 아니었다. 그렇다면 개 같은 자의 소득이었을까? 어떤 돈이 개 같은 자의 소득일까? 받지 말라고 말씀하셨을 때 지혜롭게 거절할 수도 있었을 텐데, 주님께서 말씀하신 대로 바로 말했으니 얼마나 무안했을까 하는 생각도 들었다. 그러나 그것은 종의 생각일 뿐이다. 그 돈은 성도가 해서는 안 되는 방법으로 번 돈일 수도 있고, 뒤에서 교회 험담을 심하게 했기 때문에 주님이 못 받게 하신 것일 수도 있다. 아무튼, 주님이 싫어하시는 것을 했을 것은 분명하다. 때문에 집사님에게 가르침을 주시기 위해 봉투를 받는 그 순간에 "그 돈 받지 마라."라고 하신 주의 말씀을 종의 입을 통해 그대로 전하였으니, 그 말씀을 들은 집사님만 알 수 있는 무언가를 깨달았을 것이다.

돈 이야기를 하다 보니 생각나는 일이 하나 더 있다. 처음 개척을 시작하고 1년 정도 됐을까? 30대 중반으로 보이는 여성도가 있었는데, 어느 날 흰 봉투를 주기에 받아 보니 자기앞 수표 10만 원권을 봉투가 터질 만큼 넣어서 가지고 온 것이다. 그 돈을 보자 심장이 갑자기 두근거리면서 전신이 떨렸다. 돌려주고 싶어 돌려줬다기보다는 너무 떨려서 돌려주었다. 아마도 주님이 그 돈에 손을 대면 안 된다는 것을 강하게 가르쳐 주시는 떨림이었던 것 같다.

나 그 차 못 타

　신학 때 탔던 봉고차는 눈물겨운 '똥차'였다. 철판이 부식되어 구멍 뚫린 곳마다 빈 페인트 통을 잘라서 시멘트 못으로 구멍을 뚫고 피스를 박아 가려 놓고 나니 각설이 옷 같았지만, 이 정도 했다는 것이 뿌듯했다. 손을 댄 김에 천장 낡은 곳을 벽지로 여러 곳 발라 놓았고, 머플러는 터져서 조금 요란했지만, 그래도 차 앞과 양옆에는 '주종교회'라고 멋진 글씨로 새겨 놓았다. 이런 차를 조금도 부끄러워하거나 민망해한 적이 없었다. 차의 외관이 볼거리가 되는 차였으니 신호 대기 중에 차를 본 이들은 웃었으나, 그래도 천사들이 보호하는 특별한 차였다. 어느 날 집사람이 꿈을 꿨는데 건장한 청년 네 명이 차를 들어 바퀴 하나씩을 어깨에 메고 있더란다. 그래서인지 창원에서 개척하여 부산 학교에 다니던 때에 한 번도 말썽이나 접촉 사고 없이 잘 다녔다.

　그리고 어느 날 꿈을 꿨는데, 하늘에서 차가 한 대 떨어졌다. 이 차가 가까워지면 가까워질수록 많이 낡은 차라는 것을 알고 '헌 차네?' 생각하고 있었는데, 꽝 하고 차가 떨어진 곳이 흙 벌판이었다. 그러니 흙먼지가 사방에서

뿌옇게 일어나 차를 완전히 덮었다. 그 꿈을 꾸고 이틀 후, 신학을 함께하는 전도사가 봉고차를 하나 가져와서는 쓰라고 주었다. 내 차와 비교하면 멀쩡한 차를 보고 얼마나 고마웠는지 모른다. 차를 받고는 '하늘에서 떨어진 차가 바로 이 차구나. 그런데 하나님께서 이렇게 헌 차도 주시나요?' 하는 생각이 들기도 하였다. 그러나 그때 나의 형편을 생각해 보면 나와 구색이 딱 맞는 차였다.

목사가 된 후 형편에 맞춰 구입한 차가 소나타였다. 스틱이라 기름값도 절약할 수 있었고 또 10년이 된 차라 세금도 절반의 혜택을 볼 수 있었지만, 몇 년을 타고 나니 아주 허접한 똥차처럼 변해 버렸다. 그런데 전도사 시절과는 다르게 나이가 들어서인지 아니면 영적 힘이 부족해서인지 몰라도 어떤 때는 차를 보면 조금 민망하기도 해서 중고차를 사 볼까 하고 중고차 사이트를 찾아보았다. 이왕 중고로 사는 거 대신 마력이 괜찮은 것을 사면 에어컨도 잘 나오고 힘도 좋겠다 싶어 SM7을 보았는데, 가격이 천만 원이 넘어 포기했다. 그러다가 몇 개월 지나서 다시 봤더니 마음에 드는 SM7이 있어 조금 무리해서라도 살까 고민하면서 하나하나 살펴보는데, 갑자기 눈앞 30cm 정도 거리에 가슴보다 조금 높은 위치에서 오버랩이 되듯 사람 모습이 보였다. 마치 깊은 산골에서 부모님을 모시고 살면서 순결을 지켜 온 순박한 소녀가 데이트하던 날, 사랑하는 사람이 손을 잡자 부끄럽고 당황하여 볼이 붉어진 소녀의 모습같이 두 손을 절레절레 흔들면서 "나 그 차 못 타. 그 차 못 타." 하는 모습이었다.

그런 모습을 본 종은 몸 전체가 확 달아오르면서 옷이나 이불이라도 덮고 숨고 싶은 생각이 강하게 들었으나 정신을 가다듬고는 주춤했다. 부끄러워

붉어진 얼굴과 두 손을 흔드는 모습을 보는 순간, '주님이시구나.' 하는 생각이 직감적으로 들어 정말 어쩔 줄을 몰랐다. 그 부끄러워하시는 모습에 얼마나 당황하였으면 옷이나 이불로 나를 가리고 싶은 충동이 일어났겠는가. 나이가 들 만큼 들고도 철없이 중고라도 SM7을 타겠다 하니 주님께서 부끄러워서 못 타겠다고 하신 것이다. 중고여도 지금 네 형편에 그런 차를 타서 되겠는가 하시는 나무람이었다. 종 같지 않은 종을 타이르시기 위해 그러한 모습으로 종의 생각을 바꿔도록 하신 주님의 은혜에 온종일 울어야 했는데도 심령이 굳은 종이라 그러지를 못하였다.

개척 때 하늘에서 떨어진 중고 중에서도 중고인 낡은 봉고차를 주신 것도 내 형편을 잘 아시고 맞는 차를 주신 것인데, 지금 형편에서 SM7은 허락하시지 않았던 것이다. 그렇게 주신 은혜로 차를 포기하고 중고 소나타를 10년 정도 더 타고 다녔다. 차가 20년을 넘다 보니 안팎으로 엉망이라 이제는 진짜 중고라도 하나 사야겠다는 생각으로 10년 만에 중고 사이트를 보다가 K5로 결정했다. 그런데 참 이상하게도 두 번이나 놓쳐 버렸다. 그러다가 뜻밖에 그랜저를 보게 되었는데, 보면서 나도 모르게 웃음이 나왔다. 그랜저는 내가 탈 차가 아니라 그림의 떡이라는 것을 누구보다도 잘 알고 있었기 때문이다. 혼자 웃으면서 여러 그랜저를 보던 중에 순간 가늘게 번쩍하면서 눈에 들어오는 차가 있었다. 혹시 이 차를 타게 하시려나 싶어 그 차를 자주 보게 되었고, 자주 보다 보니 조심스럽게 기도를 드리기를 "주님, 죄송합니다만 만약 제가 저 차를 산다면 주님께서 불편하시지는 않겠습니까?" 하고 계속 여쭈었다. 그러나 응답이 없어서 이렇게는 안 되겠다 싶어 두 끼 금식을 하면서 집중적으로 기도를 드려 보았는데, 그러고도 아무런 응답을 받지 못해 고민하다가 이런 생각이 들었다. 주님께서 불편하신 것은 아닌 것 같다고.

그래서 번쩍했던 그 차를 사러 서울로 올라가는데, 조마조마하기도 하고 한편으로는 설레기도 했다. 서울에 도착하여 중고 매매 건물에 들어서서 사무실로 가는데 휴대폰이 울렸다. 누가, 왜 전화를 하는지는 모르겠으나 이 전화에는 주님의 섭리가 있을 것 같다는 생각이 강하게 들었다. 아니나 다를까, 시골에서 목회하시는 연세 지긋한 목사님 전화였다. 중고차를 할부로 사려는데 도움을 받을 수 있겠느냐는 말씀이었다. 종도 현금으로 사는 것도 아니고 60% 현금에 나머지는 월부로 생각하고 왔는데, 전화를 받고 나니 도와드려야겠다 싶어서 할부금을 보태기로 했다. 그리고는 매달 보내 드렸다. 종에게 꿈에도 생각지 못한 그랜저를 타게 하셨으니, 시골에 있는 종이 차를 사고 싶어 할 때 도우시라고 하신 것이다.

개척 때 중고 중의 중고인 낡은 봉고차를 주시더니 이번에는 새 차 같은 중고 그랜저를 주셨다. 연식은 2013년이라 6년이 된 차였지만, 킬로 수가 17,800km로 양호했고, 배기량은 2.4였다. 여름이면 이 차를 타고 집사람과 함께 늦둥이를 데리고 통영에 하루 다녀오기도 하는데, 그럴 때면 살맛 나도록 기분 좋았다. 우리 집사람은 종을 만나 고생한 것을 이루 말로 할 수 없다. '사람이 저렇게 하고도 살 수 있나.'라고 생각할 만큼 순교의 각오로 고생을 한 사람이다. 몇 안 되는 성도와 함께 24시간 릴레이 기도를 드리는데, 주님이 집사람에게 "기특도 하지."라고 하시더란다. 집사람은 낮에는 식당에서 일하고 밤에는 목욕탕에서 청소를 하고 집에 오면 자정을 지나 2시가 된다. 그래서 릴레이 기도를 드리는 시간이 2시부터 4시까지였는데, 하루, 이틀이 아니라 계속하니 주께서 그런 말씀을 하신 것 같다. 릴레이 기도 때 집사람이 기도를 드리는데 이런 생각도 들었다고 한다. '이러다가 죽을 수도 있겠구나.' 하는 생각이…. 그때 릴레이 기도 때문에 교회에서 자고 있던 남동생이 누가 자꾸 일어나라고 해서 기도 시간이 된 줄 알고 시계를 보니 아직 아니라 다시 자려고 했다고 했다. 그런데 누가 다시 깨우면서 "사모가 하는 기도를 대신하라."라고 해서 형수님에게 "대신 기도할 테니 들어가세요."라고 했다는 것이다. 집사람의 '이러다 죽을 수도 있겠다.'라는 말을 생각해 보면, 그날은 집사람한테 위험한 순간이었는데 주께서 살려 주신 것이다.

집사람은 일을 하면서도 주일 예배를 드리기 위해서, 어쩔 수 없이 식당에서 야간 일만 13년을 했다. 그렇게 밤낮이 바뀐 사람이다. 집사람을 보면 애처롭고 불쌍해서 기도도 무지하게 드렸다. 이제 식당을 그만둔 지 보름 정도되었다. 쉬는 동안 평택 언니 집에 2박 3일 갔다 온다고 떠났는데, 출발한 지얼마 안 되어서 문자가 왔다. "기차를 타고 가면서 바깥 풍경을 보니 너무 행복합니다."라는 문자였다. 문자를 보면서 나는 눈물이 글썽글썽하였다. KTX도, 새마을도 아닌 우등 열차였다. 고생하는 집사람을 위해 둘째 딸이 기도를많이 한 모양이다. 둘째 딸이 하는 말이 "엄마가 하는 고생이 엄마의 길이고상급이다."라고 주께서 말씀하시더라는 것이다. 큰딸도 집사람에 대하여 응답을 받은 이야기를 했다. 약간 의외라는 표정으로, 기도 중에 '목사인 아버지와 전도사인 자신의 상급은 깨어지는 유리그릇에 담겨 있었고, 사모인 엄마 상급은 깨어지지 않는 쇠 그릇에 담겨 있었다'고 하였다.

목사와 전도사는 상급이 없어질 수도 있다. 목사, 전도사라고 해서 성도들에게 누릴 것을 누리다 보면 하늘나라에서는 누릴 것이 없으니 깨어지는 유리그릇일 것이고, 집사람은 성도들에게 누릴 것도 없고 '성도들이 알아주기는커녕 속이라도 안 태우면 다행이지.' 하는 생각으로 묵묵히 수고하니 그 상급이 어찌 유리그릇에 담겨 있겠나. 이는 교회에서 중직을 받은 이들에게도 마찬가지로 적용될 것이다.

4년 전쯤이었다. 집사람이 등산화를 사 준다고 하여 같이 갔는데, 나이도 있고 하니 이왕 사는 거 좀 괜찮은 것을 사자 싶었다. 15만 원 하는 등산화도 있는데 마음에 드는 것을 산다고 23만 원짜리를 사서 기분 좋게 매장 밖으로 나와 몇 걸음 걸었을 때, "사치하지 말라."라는 주님 말씀이 있었다. 육의 눈으로 보아 좋은 것을 골랐더니 그것이 사치품이 된 것이다. 그래서인지 그 등산화는 잘 신지도 않는다.

나는 영적인 일에 지치거나 피곤할 적에 주님이 주신 차를 닦거나 소모품을 사서 교환을 할 때면 마치 딴 세상에 사는 것처럼 홀가분하고 기분도 좋다. 집사람이 평택 언니 집에 가던 기차에서 바깥 풍경을 보니 너무 행복하다던 것과 같이 이 종에게도 너무 행복한 날이 있으니, 주께서 주신 차로 집사람과 늦둥이를 데리고 여름 휴가철에 당일로 통영에 다녀올 때이다.

목사 안수

신학을 하면서 가장 걱정된 것은 목사 안수 문제였다. 학제가 4년, 2년, 1년인데 부산에서 6년, 서울 총신원부에서 1년을 해야 목사 안수를 받을 수 있었다. 듣기로는 서울에서 공부하려면 돈이 많이 든다고 하였고, 또 개척을 시작하였기에 서울로 올라갈 수도 없었다. 주마다 두 번씩 오가면서 수업을 받을 수야 있겠지만, 경비 때문에 꿈도 꿀 수가 없는 상황이었다.

학생들의 이런 처지를 잘 알고 있던 학교에서는 서울 총신에서 1년 과정을 하지 않아도 부산 학교에서 1년을 더 하면 안수를 받을 수 있도록 하겠다고 했다. 덕분에 마음 놓고 있었는데, 기도 시간에 기도를 드리던 중 생각지도 못한 말씀을 하셨다. "안수할 수 없는데 안수한다."라는 말씀이었다. 이 말씀을 듣고 깜짝 놀라 기도를 멈추고 생각했다. 안수할 수 없는데 안수한다니, 이게 무슨 말씀이지? 분명 학교에서는 1년 더 수업하면 안수한다고 했는데 이상한 일이었다.

불안한 마음에 다음 날 학교 교무처장에게 부산에서 1년 더 하면 안수를 주느냐고 물었더니 그렇다고 하였다. 교무처장의 설명에도 불구하고 기도 중에 주신 말씀이 있으니 반신반의하면서 며칠이 지났을 때, 이번에는 무언가를 알 수 있도록 꿈으로 보여 주셨다. 바다였는데 집채만 한 큰 바위 위에서 검정 양복을 입은 세 사람이 엄청나게 큰 거북이 뒷다리에 두꺼운 밧줄을 묶어 이리저리 흔들었다. 거북이는 그들이 흔드는 방향으로 이리저리 뒤집혔다. 이 꿈 이후로 약간 감을 잡기는 했지만, 그래도 확신은 못 하고 있었는데, 또 며칠 지나서 다른 꿈을 주셨다. 이번 꿈은 학교에서도 노회에서도 제일 어른 되시는 분이 손을 흔들면서 떠나셨다.

나는 그제야 안수를 받을 수 없다는 것을 알고는 '이 일을 어쩌지?' 하고 걱정이 태산 같았다. 다행히 주님 은혜 덕에 합법으로 안수를 받을 수 있는 신학교로 편입하여 학업을 모두 마치고 안수를 받았다. 그때 신학생들은 정말 어려움 속에서 수업을 하느라 서울에 못 가는 경우가 많았고, 이런 학생들을 위해 부산에서 1년 더 수업하면 노회에서 목사 안수를 주기로 결정한 것 같다. 안수를 한다고 한 것은 형편이 어려운 전도사들의 입장을 고려한 것이니 인간적으로는 고맙고 반가워할 일이었다. 그러나 이를 보신 주께서 '고맙고 반가워할 일이 아니라 어떤 일에 부득이한 사정이 있다 하여 종들이 편법이나 불법을 해서는 안 된다'는 사실을 나에게 가르쳐 주신 것이다.

그때 다니던 학교에서 서울 총신에 갈 형편이 안 되는 전도사들을 부산에서 합법으로 안수를 받을 수 있는 신학교로 편입하여 안수를 받도록 바른길로 인도했으면 어땠을까 하는 생각이 훗날 많이 들었다. 하기야 학교 형편을 생각하면 쉽지 않은 일일 것이다. 그러나 확실히 알게 된 것이 있으니, 주님은 종들에게 아주 엄하고 바르게 가르치시는 분이다. 종들의 책임이 그만큼 큰 것이다.

나더러 주여 주여 하는 자마다 다 천국에 들어갈 것이 아니요 다만 하늘에 계신 내 아버지의 뜻대로 행하는 자라야 들어가리라 그 날에 많은 사람이 나더러 이르되 주여 주여 우리가 주의 이름으로 선지자 노릇 하며 주의 이름으로 귀신을 쫓아내며 주의 이름으로 많은 권능을 행하지 아니하였나이까 하리니 그 때에 내가 그들에게 밝히 말하되 내가 너희를 도무지 알지 못하니 불법을 행하는 자들아 내게서 떠나가라 하리라 (마 7:21~23)

불법은 우리의 생활 속에서 의외로 무심코 행해질 수 있다. 앞에서 말한 소나타 차가 심하게 낡아 도색을 하기 위해 비용을 알아보니 140만 원이었다(15년 전). 동네에 있는 무허가 도색을 하는 곳에 갔더니 40만 원이면 된다고 하길래 도색을 했다. 그런데 3일이 지나니까 앞 범퍼가 벗겨지는 것이다. 얼른 서비스를 받고 왔는데 아무 이유 없이 마음이 얼마나 불편한지, 그리고 3일 후 서비스를 받은 곳이 다시 벗겨져 또 서비스를 받았다. 이번에도 전처럼 마음이 불편한 것은 마찬가지였다. 며칠 뒤에 그곳이 또 벗겨져서 가려고 했으나, 갔다 오면 이상하게 불편해서 안 가려고 마음을 먹는 순간 얼마나 마음이 편해지는지, 매우 편안해지는 것이다. 그때 내가 불법에 가담하고 있었다는 것을 알았고, 주님이 불법을 그냥 싫어하시는 것이 아니라 아주 싫어하신다는 것을 알게 되었다.

또 천국은 마치 바다에 치고 각종 물고기를 모는 그물과 같으니 그물에 가득하매 물가로 끌어내고 앉아서 좋은 것은 그릇에 담고 못된 것은 내버리느니라 세상 끝에도 이러하리라 천사들이 와서 의인 중에 악인을 갈라 내어 풀무 불에 던져 넣으리니 거기서 울며 이를 갈리라 (마 13:45~50)

골치 아픈 일이 있다면 작정 기도를 드려라

작정 기도는 정성을 다해 드리는 기도다. 그래서 매일 정해진 시간에 비가 오나 눈이 오나 빠지지 않고 드리는 기도이다. 작정으로 기도를 드릴 때 급한 일로 하루 빠지게 되면 못 드린 날은 하루를 더 추가하여 채우면 된다고 생각한다거나, 억지로 날짜를 지키려고 무리하게 하는 것은 너무 율법적이라고 하는 말로 작정 기도를 방해해서는 안 된다.

유다 14대 왕 히스기야는 하나님이 원하시는 일을 할 수 있도록 많은 은혜를 받은 훌륭한 왕이었다. 그가 작정 기도를 드린 것은 아니었으나, 하나님은 어떤 기도를 원하시는가를 이 히스기야왕을 통하여 알 수 있다. 왕은 종창 때문에 거동을 못 할 만큼 시름시름 앓았으나, 기도는 드렸다. 그렇지만 왕의 기도를 들으신 하나님이 참으로 답답하고 안타까워하신 것은, 왕이 기도를 하는 둥 마는 둥 했기 때문이다.

왕의 몸이 심각하다는 것을 아신 하나님은 그를 불쌍히 여겨 선지자 이사야에게 말씀을 주셨다. 왕은 살 수가 없으니 유언을 남기라는 말씀이었다. 선지자 이사야는 곧바로 왕에게 이 말씀을 전했고, 하나님의 말씀을 들은 왕은 그야말로 마른하늘에 날벼락 같은 충격에 대성통곡하며 "하나님, 하나님이 보시기에 제가 선한 일을 한 것이 있다면 그것을 보아 저를 살려 주십시오." 라는 통곡의 기도로 매달렸다.

> 여호와여 구하오니 내가 진실과 전심으로 주 앞에
> 행하며 주께서 보시기에 선하게 행한 것을 기억하옵
> 소서 하고 히스기야가 심히 통곡하더라 (왕하 20:3)

시름시름 앓던 왕의 기도가 눈물의 기도로 변한 것이다. 하나님이 선지자 이사야를 보내 왕이 제대로 된 기도를 드리도록 하신 것은 왕을 살리기 위함이었다. 선지자 이사야의 입에서 나온 하나님의 말씀을 통해 내적인 충격을 받게 하여 하나님이 받으시는 기도를 드리게 이끌어 주신 것이다. 이것을 은혜라 한다.

> 너희가 내게 부르짖으며 내게 와서 기도하면 내가
> 너희들의 기도를 들을 것이요 너희가 온 마음으로
> 나를 구하면 나를 찾을 것이요 나를 만나리라 (렘
> 29:12~13)

통곡으로 기도하는 왕을 보신 하나님은 말씀을 전하고 돌아온 선지자 이사야에게 '하나님이 왕의 기도를 들으셨고 왕의 눈물을 보았으니 3일 만에 완쾌할 것'이라고 다시 전하라고 하셨다.

너는 돌아가서 내 백성의 주권자 히스기야에게 이르
기를 왕의 조상 다윗의 하나님 여호와의 말씀이 내
가 네 기도를 들었고 네 눈물을 보았노라 내가 너를
낫게 하리니 네가 삼 일 만에 여호와의 성전에 올라
가겠고 (왕하 20:5)

기도는 떼쓰는 것이다. 끈질기고 악착같이 해야 한다. 그렇다고 육신의 것
을 달라고 한다면 잘 안 들어주신다. "구하여도 받지 못함은 정욕으로 쓰려고
잘못 구하기 때문이라(약 4:3)" 새 신자는 어린아이 같아서 육신의 것만 바라
본다. 때문에, 육의 것을 구하면 그들의 믿음을 키우기 위해 부득이 육신의
욕구도 들어주시기도 한다(출 16:8). 그러나 교회에서 중직을 맡은 자가 육의
것을 채우려고 기도를 드린다면 시간만 허비하게 될 것이다. 반면, 주님의 일
을 위하여 드리는 기도에는 응답하신다고 하였다.

"그를 향하여 우리가 가진 바 담대함이 이것이니 그의 뜻대로 무엇을 구하
면 들으심이라(요일 5:14)" 그의 뜻대로 구하라고 하였는데, 어떤 것이 주님
의 뜻대로인지 성령의 도움을 받아야 알 것이다. 때문에 "모든 기도와 간구를
하되 항상 성령 안에서 기도하고 이를 위하여 깨어 구하기를 항상 힘쓰며 여
러 성도를 위하여 구하라"라고 하셨다(엡 6:18). 성령의 인도함이나, 깨어 기
도를 드리는 것이 아니면 거의 육의 것이 혼합된 기도이다. 그럼에도 불구하
고 세상살이에 문제가 있을 때 마음을 다하여 떼쓰는 작정 기도를 드린다면
합당한 응답은 반드시 주시는 주님이시다.

늦둥이 딸이 잘됐으면 하는 마음에 계속 기도를 드렸다. 그런데 바라는 대

로 잘 되지 않았다. 그래서 걱정과 염려로 기도를 드리는데 "기도하는데 무슨 걱정인가."라고 하셨다. 기도하면 된다는 말씀 아닌가. 드리는 기도가 있다면 포기하지 말아야 한다. 기도를 포기하지 말라고, 주님이 떼쓰는 기도를 가르쳐 주셨다.

예수께서 그들에게 항상 기도하고 낙심하지 말아야 할 것을 비유로 말씀하여 이르시되 어떤 도시에 하나님을 두려워하지 않고 사람을 무시하는 한 재판장이 있는데 그 도시에 한 과부가 있어 자주 그에게 가서 내 원수에 대한 나의 원한을 풀어 주소서 하되 그가 얼마 동안 듣지 아니하다가 후에 속으로 생각하되 내가 하나님을 두려워하지 않고 사람을 무시하나 이 과부가 나를 번거롭게 하니 내가 그 원한을 풀어 주리라 그렇지 않으면 늘 와서 나를 괴롭게 하리라 하였느니라 주께서 또 이르시되 불의한 재판장이 말한 것을 들으라 하물며 하나님께서 그 밤낮 부르짖는 택하신 자들의 원한을 풀어 주지 아니하시겠느냐 그들에게 오래 참으시겠느냐 (눅 18:1~7)

또 이르시되 너희 중에 누가 벗이 있는데 밤중에 그에게 가서 말하기를 벗이여 떡 세 덩이를 내게 꾸어 달라 내 벗이 여행 중에 내게 왔으나 내가 먹일 것이 없노라 하면 그가 안에서 대답하여 이르되 나를 괴롭게 하지 말라 문이 이미 닫혔고 아이들이 나와 함께 침실에 누웠으니 일어나 네게 줄 수가 없노라 하겠느냐

> 내가 너희에게 말하노니 비록 벗됨으로 인하여서는
> 일어나서 주지 아니할지라도 그 간청함을 인하여 일
> 어나 그 요구대로 주리라 (눅 11:5~8)

배고픈 친구를 위해 떼쓴 기도와 자신을 위해 떼쓴 기도이다. 중요한 것은 어떤 기도가 되었든 끈질기게 기도를 드린 자가 응답을 받는 것이다. 그러나 이왕이면 주가 바라시는 기도라면 더 좋을 것이다.

> 그러므로 염려하여 이르기를 무엇을 먹을까 무엇을
> 마실까 무엇을 입을까 하지 말라 이는 다 이방인들
> 이 구하는 것이라 너희 하늘 아버지께서 이 모든 것
> 이 너희에게 있어야 할 줄을 아시느니라 그런즉 너
> 희는 먼저 그의 나라와 그의 의를 구하라 그리하면
> 이 모든 것을 너희에게 더하시리라 (마 6:31~33)

네가 정한 날짜 아니냐

생활이 힘들고 너무나 쪼들려서 하나님께 기도드리기를, "하나님, 정말 힘들고 어렵습니다. 좀 봐주세요. 정말 돈이 필요합니다. 제발 좀 도와주세요." 라고 하면서 돈이 필요한 날짜와 금액을 말씀드린 후에 40일 작정 기도를 드렸다. 40일 되는 날 말씀하시기를, "그 날짜는 네가 정한 날짜가 아니냐."라고 하셨다. 세월이 지나고 알았지만 결핵이 재발했을 때 모래사막의 광야를 보이신 것은 나를 광야로 이끌어 가신다는 것이다. 광야란 육의 것을 빼내는 연단이 있는 곳이다. 광야에 있는 자가 육에 필요한 물질을 구한다고 들어주실 리가 있겠는가.

> 범사에 기한이 있고 천하 만사가 다 때가 있나니 날 때가 있고 죽을 때가 있으며 심을 때가 있고 심은 것을 뽑을 때가 있으며 죽일 때가 있고 치료할 때가 있으며 헐 때가 있고 세울 때가 있으며 울 때가 있고 웃을 때가 있으며 슬퍼할 때가 있고 춤출 때가 있으며

돌을 던져 버릴 때가 있고 돌을 거둘 때가 있으며 안을 때가 있고 안는 일을 멀리 할 때가 있으며 찾을 때가 있고 잃을 때가 있으며 지킬 때가 있고 버릴 때가 있으며 찢을 때가 있고 꿰맬 때가 있으며 잠잠할 때가 있고 말할 때가 있으며 사랑할 때가 있고 미워할 때가 있으며 전쟁할 때가 있고 평화할 때가 있느니라 (전 3:1~8)

김해에서 예배당으로 사용할 건물을 찾던 중에 괜찮은 건물을 발견했다. 절 바로 앞에 있었지만, 건물이 맘에 들어 전혀 신경 쓰지 않고 얼른 계약을 했다. 2층은 교회로, 3층은 사택으로 쓰려고 수리를 다 하고 교회 간판을 달았다.

다음 날 아침, 밖으로 나가 보니 절 스님과 함께한 사람이 서서 나를 뚫어지게 보고 있었다. 왜 절 바로 앞에 교회를 열었느냐고 무언의 시위를 하는 듯한 표정이었다. 너희가 무슨 상관이냐는 생각으로 무시하고 볼일을 보러 갔지만, 한편으로는 찝찝하기도 하여, 그날부터 집중적으로 기도를 드렸다.

7개월 정도 기도를 드렸을 때, 절이 큰 간판을 내렸고, 중도 떠나가면서 절이 없어졌다. 얼마나 주께 감사하였던지 "할렐루야!"가 절로 나왔다. 그동안 절에서 들려오는 목탁 소리가 참으로 거슬렸다.

몇 년이 지나자 이번에는 교회 옆에 점쟁이가 이사를 와서 대나무를 세웠는데, 보기는 싫었으나 별로 신경을 쓰지 않았다. 절과 대치한 것은 처음이라 긴장하며 기도를 드렸으나, 점쟁이와는 두 번이나 대치한 경험이 있었기 때문에, 이번에 문을 연 점쟁이도 고양이 앞에 있는 쥐로 보였으니 신경 쓸 것도 없었다.

처음으로 점쟁이 때문에 기도한 것은 다른 곳에서 개척했을 때였다. 어느 날 교회 옆 벽에 대나무가 세워져 있어서 이게 뭔가 싶어 가 보니 옆 건물에 점쟁이가 이사를 온 것이다. 너무 황당해서 주님께 교회 옆벽에 점쟁이가 세운 대나무를 치워 달라고 기도로 매달렸다. 보름 정도 되니 대나무가 안 보였다. 점쟁이가 떠나간 것이다. 그때 기도의 위력을 실감했다. 정말로 실감이 났다.

그로부터 열흘 정도 지났을까? 이번에는 교회 뒤쪽에 점쟁이 대나무가 보였다. 옆에 있던 점쟁이가 뒤쪽으로 이사를 온 건지 아니면 다른 점쟁이가 온 건지는 모르겠으나, 또다시 "주님, 저런 것이 교회 주변에 있으면 무슨 은혜가 되겠습니까." 하고 집중적으로 기도를 드렸다. 그 역시 얼마 못 가 점쟁이가 이사를 갔는지 대나무는 보이지 않았다. 다른 기도는 잘 안 들어주셔도 이 기도만은 확실하게 들어주셨다.

그리고 6년 정도 지나, 또다시 교회 옆으로 점쟁이가 이사를 와서 대나무를 꽂았다. 당연히 기분이 별로 좋지 않아 저것이 어디에다 대나무를 꽂나 하며 바로 기도를 드리기 시작했는데, 이번에는 달랐다. "저 영혼을 구하라."라고 말씀하신 것이다. 점쟁이의 영혼을 불쌍히 여기라는 말씀이셨는데, 그 말씀을 듣고 많은 생각을 하게 되었다. 점쟁이의 영혼을 구하라고 말씀하셨을 때는 아마도 종이 전보다는 조금 더 성숙한 믿음을 가지고 있었는지, 아무 힘 없는 점쟁이 때문에 예민하게 굴지 말고, 사악한 영에게 사로잡혀 있는 그의 영혼을 구하라는 말씀인 것 같았다.

처음에는 교회 근처에 대나무가 보이면, 무조건 없애 달라고 기도하였고 그리하여 그들은 떠나갔다. 이제는 점집이 있고 없고가 아닌, 그 점집 안에 있는 점쟁이의 한 영혼 자체를 불쌍히 여기는 마음을 가지려고 한다.

지금은 절이 떠난 후 예배당 양쪽으로 점쟁이가 둘이나 와서 대나무를 꽂아 놓고 있지만, 한 영혼까지도 살피시는 주님의 마음을 닮아 가려고 한다.

보이지 않는 것들과의 치열한 전투

신학 2학년 때였던 것으로 기억한다. 친구가 양산에서 개척을 하고 있어서 찾아갔다가 양산 근교 외진 산 밑에 예배당이 지어져 있는 것을 보았다. 궁금해서 가 보니 새로 지은 3층짜리 예배당이었다. 1층은 식당, 2층은 예배당, 3층은 숙박 시설로 되어 있었는데, 대충 봐도 건평이 70~80평은 되어 보였고, 먼지가 뽀얗게 쌓여 있는 빈 예배당이 있었다.

앞마당 주차장 쪽에 걸린 현수막에는 전세가 얼마라고 쓰여 있었고, 전화번호도 함께 있었다. 잘 지은 예배당이 먼지가 두껍게 쌓이도록 방치된 것을 본 나는 이건 아니다 싶어 현수막의 전화번호를 메모해 놓고 40일 작정 기도를 드렸다. 기도는 간단했다. 전세금은 없지만, 먼지가 쌓인 이 예배당을 제가 사용토록, 이곳에서 개척할 수 있게 해 달라는 기도였다.

그렇게 시작된 작정 기도 마지막 날 보여 주신 것이, 그 예배당 뒷산에 두루마기 같은 옷을 입은 영감이 산 전체를 옷으로 덮고 턱 밑으로 하얀 수염을 길게 기른 채 산 위에 드러누워 있는 모습이었다. 한쪽 팔로 머리를 받치고 옆으로 비스듬히 드러누워서 능글능글한 웃음을 띠고 있었는데, 나를 비웃는 것처럼 보였다. 네가 아무리 해 봐라, 되는지. 그런 웃음이었다.

그 큰 산을 몸과 걸친 옷으로 완전히 휘감고 있는 영감의 자태를 보니 저 예배당이 있는 곳에서 개척하려면 영감이 누운 산 정상에 십자가를 세워 놓고 열심히 부르짖는 기도를 드려야 한다는 생각이 들었다. 그러지 않는 이상 저 곳에서 교회를 하건 기도원을 하건 힘들 것 같았다. 어디 그곳만 그렇겠나. 종들이 개척하려는 곳에 저런 것들이 진을 치고 있는 경우도 있을 것이다.

친구 목사님이 경기 지역에 주님 일을 잘 하시는 목사님이 계신다고 한번 가 보자고 하여, 집회는 없었지만 가 본 적이 있다. 조립식으로 된 예배당은 산속에 있었는데, 오래된 듯 보였고 꽤 컸다. 아름다운 구석이라고는 조금도 없었고, 예배는 바닥에 앉아 드렸으며, 신을 벗고 들어가야 했다. 그때가 10년쯤 전이었는데, 요즘은 어떤지 모르겠으나 그때는 재래식 화장실이었다. TV 프로그램 〈나는 자연인이다〉 같은 분위기가 감도는 그런 예배당이었고, 세상 본을 보지 않으려는 분위기가 감도는 깨어 있는 교회 같았다.

그곳에 갔다 온 후로 꿈을 꿨는데, 항해하는 큰 군함 뒤로 헬리콥터가 있었다. 그냥 있는 것이 아니라 어디로 급하게 날아갈 것처럼 프로펠러가 돌고 있었고, 군함 앞쪽에는 하얀 제복을 입은 함장 같은 이가 무엇인가를 지시하고 있었다. 함장의 얼굴을 보니 그 교회 담임 목사님이었다.

꿈에서 깨어난 나는, 보이지 않는 영적 전투를 치열하게 하고 계시는 목사님이라는 생각이 들었다. 한마디로 훌륭한 종이라는 것을 꿈으로 보여 주신 것이다. 그 목사님은 바쁘게 주의 일을 하시면서 장가도 가지 않고, 총각으로 늙어 가시는 귀한 분이었다.

우리의 씨름은 혈과 육을 상대하는 것이 아니요 통치자들과 권세들과 이 어둠의 세상 주관자들과 하늘에 있는 악의 영들을 상대함이라 (엡 6:12)

27

아직도 정신을 못 차렸나

아무것도 모르는 1학년 때 시작한 개척이라 생활고에 시달리는 어려움을 감당하기가 너무 힘들어 방학 때 건강 보조 식품을 판매하는 곳에서 알바를 하기로 했다. 관광버스가 건강 보조 식품 매장에 도착하면 판매하는 것이었기에, 그전까지는 달리는 버스에서 관광객 기분을 맞추기 위해 소주를 달라고 하면 소주를 한 잔씩 갖다 줘야 했다. 하지도 못하는 유행가를 한 곡씩 불러야 할 때도 있었다. 분명 하루 일당은 5만 원 정도라고 했는데, 수고했다면서 주는 돈이 2만 원이었다. 왜 2만 원이냐고 한마디도 못 하고 돌아올 때 온갖 생각이 다 들었고, 그때의 심정은 비참함 그 자체였다.

알바를 포기한 다음 날, 봉고차 안에서 생활비 걱정을 태산처럼 하고 있는데, 갑자기 "어찌하여 아직도 정신을 못 차렸느냐."라는 주님 말씀이 들려왔다. 그 말씀을 듣고 차 안에서 엉엉 울면서 주님께 하소연을 하였다. 힘들고 어려워도 해야 할 일이 있고 하면 안 되는 일이 있는 것이었다.

기도 중에 보여 주신 대통령 얼굴

기도 중에 한 번씩 드물게 보여 주시는 것이 있다. 오래전이었다. 기도를 드리고 있는데, 갑자기 김대중 씨 얼굴이 두 번이나 보였다. 나라를 위하여 드린 기도도 아니었고 김대중 씨를 위하여 드린 기도는 더더욱 아니었다. 서너 달이 지나고 김대중 씨는 대통령으로 당선되었다.

몇 년 후, 이번에는 이명박 씨 얼굴이 보였다. 이때도 나라를 위해 기도를 드리거나 이명박 씨를 위해 기도를 드린 것도 아니었다. 그때가 그분이 대통령 출마를 하여 BBK 사건으로 엄청나게 불리해질 때였으나, 앞서 얼굴이 보인 김대중 씨가 대통령이 된 것을 본 적이 있어서 혼자 감을 잡았다. 이명박 후보가 BBK 사건으로 난타를 당하고는 있지만, 이번에 대통령이 되겠구나 하고.

아주 오래전에 이런 기도를 드린 적이 있었다. 중국이 급부상하고 있었고, 사람들이 말하기를 머지않아 패권 국가는 미국이 아니라 중국이 될 것이므로 우리나라도 지금처럼 미국이 아니라 결국 중국 쪽에 서게 될 것이라고. 이런 말을 자주 듣다 보니 은근히 나라 걱정이 되어 우리나라가 한 나라를 택해야 한다면 어느 나라를 택하여야 하는지를 알고 싶다고 기도를 드린 것이다. 그때 '미국'이라고 말씀하셨다. 근래 들어 나라가 생각지도 않은 방향으로 흘러가서 우방이요, 혈맹국인 미국 트럼프 대통령을 위하여 열심히 기도를 드렸더니, 꿈에 트럼프 대통령이 종에게 고맙다고 같이 식사를 하자고 하였다. 그래서 같이 식사를 하였는데, 커다란 랍스터가 있는 진수성찬의 대접이었다. 이 꿈을 꾸고 비로소 나라를 위한 기도를 빼면 안 되겠다는 생각을 하게 되었다.

> 그러므로 내가 첫째로 권하노니 모든 사람을 위하여 간구와 기도와 도고와 감사를 하되 임금들과 높은 지위에 있는 모든 사람을 위하여 하라 이는 우리가 모든 경건과 단정함으로 고요하고 평안한 생활을 하려 함이라 이것이 우리 구주 하나님 앞에 선하고 받으실 만한 것이니 (딤전 2:1~3)

성도가 어떤 이를 대통령으로 세워 달라고 한다고 해서 세워 주시는 것이 아니다.

> 각 사람은 위에 있는 권세들에게 복종하라 권세는 하나님으로부터 나지 않음이 없나니 모든 권세는 다 하나님께서 정하신 바라 (롬 13:1)

> 그는 하나님의 사역자가 되어 네게 선을 베푸는 자
> 니라 그러나 네가 악을 행하거든 두려워하라 그가
> 공연히 칼을 가지지 아니하였으니 곧 하나님의 사
> 역자가 되어 악을 행하는 자에게는 진노하심을 따라
> 보응하는 자니라 (롬 13:4)

하나님이 권세자를 세우실 때는 반드시 성도들하고 연관성이 있다. 예로 들어 느부갓네살왕과 고레스왕이 하나님의 필요에 따라 세워진 자들이다. 선한 자를 세워 나라를 잘 다스리게 하실 수도 있을 것이며, 또한 사악한 자를 세워 나라를 불행하게 하실 수도 있다. 그것은 성도의 삶에 따라 하시는 것이다.

성도를 핍박하고 깔아뭉개는 자를 통치자로 세우실 때는, 그가 가진 사악한 생각대로 하라고 그 자리에 앉혀 주신 것이다. 그래서 그는 그 생각대로 하는 것이다. 때문에 이런 자를 욕하고 원망하는 것은 그자를 세우신 하나님의 명을 거스르는 것이라 하셨다.

> 그러므로 권세를 거스르는 자는 하나님의 명을 거
> 스름이니 거스르는 자들은 심판을 자취하리라 (롬
> 13:2)

이런 사악한 자의 손아귀에서 벗어나는 길은 회개뿐이다. 오늘날 성도들은 어쩌면 사사 시대와 비슷하게 눈에 보이고 귀에 들리는 대로 사는 것은 아닌지.

육의 생각대로 사는 것이 두려운 이유는, 육의 생각은 하나님과 원수가 된다고 하였기 때문이다(롬 8:6~7). 왜 예수님이 제자들의 발과 발가락 사이에 있는 더러운 것을 깨끗이 씻겨 주셨겠는가. 성도들이 살아가면서 육의 생각에 잡혀 죄를 범할 수밖에 없음을 잘 알고 계셨기 때문이다. 제자들의 발을 씻겨 주신 주의 은혜가 지금이야말로 절실한 때이다.

에스라는 제사장들과 레위인들을 회개시키고 회개에 합당한 열매를 맺도록 하였다. 회개를 말하려면 최소한 에스라와 같이 자신의 죄부터 먼저 토해야 한다(스 10:1). 에스라가 회개를 말했을 때, 하나님의 말씀에 두려움을 느낀 제사장들과 레위인들이 회개한 것이다. 율법을 범하고 이방 여인과 결혼한 제사장들이 아내를 돌려보냄으로써 회개에 합당한 열매를 맺었다(스 10:18~19). 뿐만 아니라 레위인 중에는 이방 여인과 결혼하여 자녀까지 있는 이도 있었지만, 그럼에도 불구하고 모두 돌려보냈다(스 10:44). 이것이 회개의 열매이다.

"전세금 빼서 빚 갚으라."라고 하신 그 말씀 또한, 남의 돈을 썼으면 갚아야지 어렵다고 갚을 생각도 안 하는 것은 잘못임을 알게 하시어 전세금을 빼서 빚을 갚게 함으로써 회개의 열매를 맺도록 이끌어 주신 것이다. 또한, 아내에게 잘못하고 살아온 것이 죄스러워 가끔 부끄럽기도 할 때 '주님께 회개했으니 됐지.' 하고 지나갔는데, 아내 사랑하는 마음을 표현하고 행동으로 옮기라고 하셨다. 회개하였으니 열매를 맺으라는 말씀이었다. 세례 요한은 이스라엘 백성에게 이렇게 외쳤다.

> 그러므로 회개에 합당한 열매를 맺고 (마 3:8)

먼저 죄부터 고백하는 은혜가 시급하니, 회개의 은혜를 구해야 한다. 그리고 회개의 열매를 맺으면 될 것이다.

세상에서 제일 좋은 직업

교회는 온갖 허물이 서로 부딪치면서 연마되는 곳이다. 이때 발생한 여러 후유증을 덮고 또 덮고 가는 것이 종의 길이다. 그러나 이 종은, 성격이 급해서 덮고 갈 때마다 속병이 날 것 같았는데, 생활고까지 겹치자 이중 삼중으로 힘들어 깊은 한숨이 절로 나왔다. 그때 주께서 하시는 말씀이 "세상에서 제일 좋은 직업이다."였다. 힘이 들어 한숨 쉬고 있는데 세상에서 제일 좋은 직업이라니. 그러나 다시 곰곰이 생각해 보니 뜻밖에도 맞는 말씀 같았다.

어느 날 동생이 "형님은 주님 한 분 눈치만 잘 보면 되겠네요."라고 했다. 세상을 살다 보면 이해관계에 따라 온갖 눈치를 다 보게 되는데, 종은 다른 사람 눈치를 볼 일 없이 주님 눈치만 잘 보면 되지 않는가. 더구나 주님은 영이시라 눈에 보이지 않으므로 일단 부담이 덜하고 편하다. 분명히 계시지만 보이지는 않으므로 일일이 보고를 드릴 것도 없이 종이 바르게 알아서 하면 된다. 주인은 아니지만, 주인처럼 일하면 된다는 것 하나만 해도 세상에서 제일 좋은 직업이라는 말씀이 맞는 말씀 같기도 했다. 또한, 세상에서는 달면 삼키고 쓰면 뱉는데, 종의 주인은 이루 말로 다 할 수 없는 크나큰 사랑으로 하시는 분이라 쓰다고 뱉으시는 일도 없다. 오히려 세상의 버림받고 병든 자들을 이 모양 저 모양으로 도우시고 보살펴 주인의 일꾼으로 삼아서 믿지 않는 자들의 머리가 되도록 하시는 전지전능하신 주인이시다. 그러니 주의 종이야말로 세상에서 제일 좋은 직업이라는 말씀도 사실이고 틀림없는 것 같다.

뿐만이 아니다. 세상에서는 배움이 적으면 적다고 차별하지만, 종의 주인께서는 그런 차별이 일절 없으시다. 배움이 적은 자들에게는 오히려 더 많은 은혜를 주셔서 배운 자들을 부끄럽게 하신다.

> 그러나 하나님께서 세상의 미련한 것들을 택하사 지혜 있는 자들을 부끄럽게 하려 하시고 세상의 약한 것들을 택하사 강한 것들을 부끄럽게 하려 하시며 (고전 1:27)

> 하나님께서 세상의 천한 것들과 멸시 받는 것들과 없는 것들을 택하사 있는 것들을 폐하려 하시나니 (고전 1:28)

> 이는 아무 육체도 하나님 앞에서 자랑하지 못하게 하려 하심이라 (고전 1:29)

주인이 가장 귀히 여기시고 아끼시는 것은 영혼이다. 그런 영혼을 보살피는 일을 하는 종이니 주인에게 사랑받을 수밖에 없다. 그러니 목사야말로 세상에서 가장 좋은 직업이 확실하다. 종의 주인이 세상에서 제일 좋은 직업이라고 말씀하셨으니 누가 뭐라 해도 그런 것이다. 다만, 주인의 눈 밖에 나면 매우 곤란해진다. 그리고 주님이 종에게 세상에서 제일 좋은 '직업'이라고 하신 것은 쉽게 이해하도록 하신 말씀 같다.

주는 대로 받으라

　개척은 참으로 힘들고 고달팠다. 세상 고생 혼자 다 하는 것처럼 안팎으로 시달리던 중, 아이를 가진다는 생각은 꿈에도 해 본 적 없는 나에게 하나님 아버지께서 참으로 귀하고 귀한 늦둥이를 선물로 주셨다. 큰딸이 열아홉, 작은딸이 열여덟 살일 때였으니 정말 늦둥이다. 그런데 늦둥이가 이렇게 좋은 지 몰랐다. 좋다는 말을 듣기는 했으나 경험하기 전까지는 이렇게 좋은지 어떻게 알 수 있겠나. 종의 생각으로는 땅에서 받을 수 있는 최고의 상급이 늦 둥이가 아닐까 싶을 정도로 좋다. 무엇을 가진들 이렇게 좋을 수가 있겠나 싶다. 지친 삶 속에서 고달팠던 것들도 늦둥이만 보면 여전히 아침 햇살에 안개가 사라지듯 순식간에 사라지고, 온몸에 활력이 샘솟는다. 19년이 된 지금까지도 좋기는 마찬가지다.

　늦둥이를 얻고 3~4개월 되었을 때였다. 운전을 하다가 신호를 기다리면서 별생각 없이 혼잣말로 "이왕이면 남자애였으면 더 좋았을 텐데." 하고 중얼거렸다. 그런데 바로 "주는 대로 받으라."라고 하셨다. 놀란 나는 "죄송합니다." 하고 기도를 드렸는데, 별생각 없이 슬쩍 중얼거린 혼잣말에도 말씀을 하셔서 많이 놀랐다. 그동안 세상을 살면서 온갖 말을 다 하고 살았는데, 그 말들을 다 듣고 계셨던 것 아닌가.

> 나 여호와는 심장을 살피며 폐부를 시험하고 각각
> 그의 행위와 그의 행실대로 보응하나니 (렘 17:10)

늦둥이를 왜 주셨는지 나름대로 알게 된 것은 주일 말씀을 준비하던 중 말씀(창 5:29)을 보고 나서였다. 그제야 '그래서 늦둥이가 그렇게 좋았구나.' 하고 깨달았다.

> 라멕은 백팔십이 세에 아들을 낳고 이름을 노아라
> 하여 이르되 여호와께서 땅을 저주하시므로 수고롭
> 게 일하는 우리를 이 아들이 안위하리라 하였더라
> (창 5:28~29)

> 보라 자식들은 여호와의 기업이요 태의 열매는 그의
> 상급이로다 (시 127:3)

31

교만으로 지어진 교회 이름

개척 때, 교회 이름을 무엇으로 할까 고민한 끝에 '주님과 종이 있는 교회'가 좋겠다 싶어 주인 주(主) 자에 씨 종(種) 자를 써서 '주종교회'로 지었다. 어느 날, 선배 목사님이 따를 종(從) 자를 쓰느냐고 묻기도 했다. 내가 따를 종이 아닌 씨 종 자를 쓴 이유는, 사실 '나는 다를 것'이라는 마음이 있었기 때문이다. 그만큼 나는 충성스러운 종이 되겠다는 결심에서 쓴 것이다. 다른 사람들에게 말은 안 했어도 속으로는 뿌듯했다. 그러나 이런 생각이 나의 교만임을 알게 된 것은 1997년 IMF 외환 위기 때였다. 외환 위기로 성도가 하나둘 빠져나가기 시작했고, 나중에는 식구들만 예배를 드리게 되었다. 나는 죽을상을 하고 앉아서 "왜 이렇게 성도가 빠져나갑니까?" 하고 며칠째 기도를 드렸다. 그때 "어찌하여 너만 種(씨 종)이라 하느냐? 다른 종들은 무엇이냐?" 하셨다. 그 말씀을 듣고 비로소 씨 종 자가 교만에서 나온 것임을 깨닫고 '받은 은혜로 내가 교만하였구나.'라고 생각했다. 이 깨달음으로 지난날 받은 은혜를 떠올려 보았다.

회개 없이 성찬을 하려는 나에게 7년간 성찬을 못 하게 하셨다. 그리고 초등학교 때부터 마흔이 될 때까지 크고 작은 수많은 잘못을 회개하게 하신 후에야 비로소 7년 동안 못 한 성찬을 하도록 불러 주셨고, 더불어 7년간 앓던 폐결핵을 새벽 작정 기도 때 고쳐 주셨다. 뿐만 아니라 전세금 빼서 빚을 갚게 하셨고, 신학을 하도록 이끌어 주셨다. 그러나 나는 은혜에 감사하지 못하고 '나는 남들과 다를 것'이라는 교만한 생각으로 교회 이름을 지은 것이다.

당시 나는 주종교회라는 이름을 지어 놓고 참으로 좋아했다. 이리 보아도 마음에 들고 저리 보아도 마음에 드는 이름이었다. 그랬던 주종교회 간판을 긴 한숨과 함께 내렸다. 그리고 시골로 가서 작은 방 두 개를 얻어 하나는 예배당으로 쓰면서 식구들과 중풍을 앓고 있었던 자매와 함께 예배를 드렸다. 이번에는 교회 이름을 무엇으로 해야 할지 고민하며 여섯 달 정도 기도를 드렸다. 그러던 어느 날, 경남 진해에서 신호 대기 중에 바람 같지만 바람은 아닌 무언가가 얼굴에 확 불어오면서 '주제일'이라는 소리가 들려왔다. 그 순간 '교회 이름이구나!' 싶어 얼마나 기뻤는지 모른다. 그리하여 주님이 제일이라는 '주제일교회'로 간판을 다시 걸었고, 그렇게도 마음에 들었던 주종교회라는 이름은 지워 버렸다.

> 그런즉 선 줄로 생각하는 자는 넘어질까 조심하라
> (고전 10:12)

얼마 전에 조용기 목사님의 소천 소식을 들었다. 그리고 이틀 정도 지났을까. "큰 종이 떠났다."라는 말이 갑자기 들렸다. 이틀 전 소천하신 조 목사님 말이라는 것을 알았는데 '그런데 왜 이 말이 들리지?' 하고 궁금해할 때, 처음(27년 전) 개척할 때 사용한 교회 이름 때문에 생긴 일들이 생각났다. 앞에서도 말한 것같이 주종교회였다. 나는 다를 것이라는 자부심을 가지고 지은 이름이다. 자부심에서 비롯된 이 생각이 교만에서 나온 것임을 알게 하려고, "어찌하여 너만 씨 종이라고 하느냐? 다른 종들은 무엇이냐?"라는 말씀이었다. 주가 하신 말씀을 듣고 '모든 종은 다 훈련받고 세움을 받는구나. 그렇다면 모두 다 같구나.' 하고 말았다. 그런데 소천하신 조 목사님을 큰 종이라고 한 것이다. 여태껏 종들은 다 같은 줄 알고 있었는데 내 생각과는 다르게 큰 종이 있다는 것을 알려 준 것이다. 아마도 천사가 알려 주었을 것이다.

큰 종이라는 말을 듣고 조 목사님이 사역하신 것을 잠시 보았다. 무엇보다도 마음에 와닿는 것은 복음을 위해 지구를 125바퀴나 돌았다고 한 것이다. 그리고 1200만 명에게 복음을 전했고, 520개가 넘는 개척 교회를 지원했다고 한다. 제대로 주님께 잡힌 조 목사님을 성령께서 마음 편히 쓰셨던 것이다. 참으로 귀하고 귀한 큰 종이 있었다는 것을 알았다.

친구를 통하여 주신 은혜

신학을 하기 전, 아주 친한 친구가 있었다. 친구는 서른아홉에 위암 수술을 받은 후 교회에 다녔는데, 예배 때면 엄청나게 울곤 했다. 울음을 참느라고 고개를 숙이면 양어깨가 들썩들썩했던 이 친구가 예배를 드리기 시작한 지 두 달쯤 되었을 때 "동네 아이들에게 무료 과외를 해 교회 빈자리를 채우고 싶다."라고 했다. 친구에게는 좋은 생각이라고 말하였으나, 사실 많이 놀랐다. 나는 단 한 번도 누군가를 전도해야겠다는 생각을 하지 못했기 때문이다. 그런 친구가 대단하다고 생각했다. 며칠 후, 친구 집에 찾아가 의례적으로 먼저 드리는 기도를 드리는데, "회개시키고 말씀에 순종시키라."라는 주님 말씀이 있었다. 그러나 개척 교회를 위해 무료 과외를 하겠다는 친구의 마음에 찬물을 끼얹는 것 같아 직접은 못 하고 친구 아내에게 대신 말해 달라고 부탁했다.

그런데 친구가 전도하겠다는 것을 주님은 왜 막으셨을까? 친구에게는 전도가 우선이 아니었기 때문이다. 주님이 부르실 때, 사람이 가진 사악한 내면의 죄를 알고 자신이 죄인임을 깨닫고 하나님 말씀에 순종하는 것부터 배우기를 원하시기 때문이다. 주께서 주신 말씀을 아내에게 전해 들은 친구는 "내가 무엇을 잘못했는데? 나는 회개할 게 없다."라고 했다고 한다.

그 말을 전해 듣고 걱정도 되고 답답하기도 하였으나, 그렇다고 당시 내가 말씀을 많이 알았던 것도 아니고 회개에 대하여 가르쳐 줄 수 있는 것도 아니었다. 말씀을 잘 알지 못하던 나에게 친구를 회개시키고 말씀에 순종하게 하라고 하신 것이, 훗날 양들에게 어떻게 말씀을 먹일 것인지 그 방향을 제시하신 것이었다는 생각이 많은 세월이 흐른 후에야 들었다. 그리고 친구는 얼마 못 가 세상을 떠났다.

자신의 죄를 알려고 하는 초신자는 없을 것이다. 그래서 은혜를 받다 보면 생각나는 대로 무언가 하려고 하겠지만, 그 생각이 부르신 주님의 생각과는 전혀 다를 수 있음을 알아야 한다.

그 돈 내 것, 손대지 말라

폐결핵으로 식구들과 떨어져 생활하던 때, 집사람이 다달이 보내 주던 40만 원은 나에게 생명 줄 같은 돈이었다. 형편이 형편인지라 십일조를 한다는 것은 생각도 못 했다. 그러던 어느 날, 우체국에서 돈을 찾아 집으로 돌아와 봉투를 든 채 벽에 걸린, 예수님이 그려진 성화를 보았다. 그 순간, 짙은 뭉게구름이 머리 위에 가득 생겨나더니 곧바로 천둥 같은 음성으로 "그 돈 내 것, 손대지 말라."라고 하셨다. 워낙 우렁찬 음성이라 놀라고 두려웠던 나머지 이마와 가슴에 땀방울이 송골송골 맺혀 있었다. 그날 나는 엄청 많이 놀랐다. 하나님 아버지께 직접 말씀을 듣고서야 비로소 '십일조는 정말로 하나님 아버지의 것'임을 알게 되었다.

시내산에서 이스라엘 백성에게 이런 음성으로 말씀하셨다면(출 19:16~19) 그들은 바짝 겁을 먹고 바짓가랑이에 오줌을 지렸을지도 모른다. 십일조가 하나님의 것임을 이보다 더 잘 가르쳐 줄 방법은 세상 어디에도 없을 것이다. 그럼에도 불구하고 십일조를 바로 드리지 못했기에 마음 한구석에는 불효하는 자식처럼 늘 죄송스러운 마음이 있었다. 병든 몸과 어려운 환경에 눌려 육신의 염려에 잡혀 있는 자가 생활비를 찾아올 때면 할 수 있는 것이라곤 "하나님 아버지, 죄송합니다." 하는 것뿐이었다. 그러다가 시간이 지나면서 십일조를 더는 미루면 안 될 것 같다는 생각이 들었다. '어차피 내 것이 아닌데 가지고 있어 봐야 짐일 뿐이니 빨리 드려야겠다.'라는 마음으로, 그때부터는 십일조를 철저히 드렸다.

십일조는 하나님 아버지의 것이다. 그 돈은 성도가 써서 될 돈이 아니다. 하나님 것을 하나님께 온전히 드리지 않는 자는 '하나님 것을 도적질하는 자'라 하였다(말 3:8). 육의 부모 것을 훔쳐도 죄라 하였는데(잠 28:24), 하물며 하나님 아버지의 것을 훔치고 어떻게 영육이 잘될 수가 있겠는가. 하나님 아버지가 육의 눈에 보이지 않는다고 노골적으로 하나님 아버지의 것을 도적질하면서 영육이 잘되기를 바란다면, 이는 스스로에게 속고 있는 것이다. 하나님의 것을 도적질까지 하면서 죄의식 없이 육을 즐기고 살 수는 있을지 모르나, 그자의 영혼은 피폐하여 영과 육이 따로 놀아 말씀에 순종하기가 어렵다. 그러니 삶 역시 불법적이고 피곤할 수밖에 없다.

> 사람이 어찌 하나님의 것을 도둑질하겠느냐 그러나 너희는 나의 것을 도둑질하고도 말하기를 우리가 어떻게 주의 것을 도둑질하였나이까 하는도다 이는 곧 십일조와 봉헌물이라 (말 3:8)

십일조에 대하여 떠도는 말이 많다. 종이 하고 싶은 말은, 성경 구절을 가지고 와서 "십일조는 율법이니, 율법 시대가 아닌 지금은 십일조를 안 해도 된다."라고 하는 이가 목사든 신학자든, 국내에서 또는 세계적으로 유명하든, 이들은 십일조를 잘 모르거나, 아니면 성도들을 유혹하려는 이단임이 분명하다. 특히 이단이 잘 쓰는 궤변에 속아서는 안 된다. 하늘의 것은 공부를 많이 했다고 알 수 있는 것이 아니다. 주님이 알게 하신 만큼만 알 수 있다. 그 누구도 그 범위를 벗어날 수는 없다.

"그 돈 내 것, 손대지 말라."라고 하셨을 때, 먼저 보여 주신 것은 뭉게구름이었다. 그 구름은 사람의 눈에는 구름 같으나, 사실은 아니다. 그 구름은 그룹 천사다. 하나님이 계시는 곳이나 가시는 곳에는 수행비서관처럼 따르는 그룹 천사가 있다. 시편에 기록되기를,

> 그룹을 타고 다니심이여 바람 날개를 타고 높이 솟아오르셨도다 (시 18:10)

그래서인지 그룹 천사를 수레로 삼으셨다고 한다.

> 물에 자기 누각의 들보를 얹으시며 구름으로 자기 수레를 삼으시고 바람 날개로 다니시며 (시 104:3)

에스겔 말씀에도 하나님이 어디로 가시면, 그 가시려는 곳으로 가는 것이 그룹이라고 하였다.

> 영이 어떤 쪽으로 가면 생물들도 영이 가려 하는 곳
> 으로 가고 바퀴들도 그 곁에서 들리니 이는 생물의
> 영이 그 바퀴들 가운데에 있음이니라 (겔 1:20)

주님이 베드로, 야고보, 요한을 데리고 높은 산으로 올라가셨을 때, 주님 옷이 광채가 나면서 하얗게 변하였다. 주님이 엘리야, 모세와 함께 말씀하시는데, 갑자기 구름이 나타나더니 하나님 아버지 말씀이 들려왔다. 이는 하나님 아버지가 그룹을 타고 오셔서 말씀하신 것이다.

> 마침 구름이 와서 그들을 덮으며 구름 속에서 소리
> 가 나되 이는 내 사랑하는 아들이니 너희는 그의 말
> 을 들으라 하는지라 (막 9:7)

사실, 종은 그전부터 성경 말씀에서 보이는 그룹이라는 존재에 대해서 항상 의문을 가지고, 궁금했었다. 그룹을 어떻게 타고 다니시는 건지, 어떻게 하나님이 가시는 곳마다 같이 갈 수 있는 건지 등등 혼자서 궁금했던 부분들이 많았었다.

평소 혼자만의 이런 궁금증까지도 알고 계시던, 하나님 아버지께서 "그 돈 내 것, 손대지 말라."라고 말씀하시기 전에 먼저 뭉게구름을 보여 주신 것은 그룹을 타고 오셨음을 알도록 하신 것이다.

세상 사람들의 우상(돈)

> 그가 권세를 받아 그 짐승의 우상에게 생기를 주어
> 그 짐승의 우상으로 말하게 하고 또 짐승의 우상에
> 게 경배하지 아니하는 자는 몇이든지 다 죽이게 하
> 더라 (계 13:15)

여기에 나오는 짐승은 세상 사람을 말한다. 세상 사람을 짐승이라고 한 것
은, 죽기 위해 태어난, 이성 없는 짐승처럼 오로지 육만을 위하여 살아가기
때문이다(벧후 2:12). 사람과 짐승이 다른 것은 이성이 있느냐 없느냐와 생김
새만이 아니다. 보다 근본적으로, 사람에게는 영이 있지만, 짐승에게는 없다.
그러나 영이 있는 같은 사람이라고 해도 성도와 세상 사람은 다르다. 성도에
게는 주가 보내신 성령이 계시지만, 세상 사람에게는 성령이 안 계신다.

성령은 성도의 아무 곳에나 임하시지 않는다. 육도 혼도 아닌 영에 임하신다.

> 성령이 친히 우리의 영과 더불어 우리가 하나님의
> 자녀인 것을 증언하시나니 (롬 8:16)

2,000년도 더 전에 이스라엘에서 돌아가신 예수님을 한 번도 본 적이 없는 성도들이 자연스럽게 예수님을 '살아 계시는 주님'이라고 부른다. 세상의 상식으로는 할 수 없는 말이다. 그런데도 성도가 예수님을 '살아 계시는 주님'이라고 부르는 것은 성령께서 성도와 함께 계시기 때문이다. 그래서 성령이 아니면 그 누구도 예수님을 주님이라고 부를 수 없다고 하신 것이다.

> 그러므로 내가 너희에게 알리노니 하나님의 영으로
> 말하는 자는 누구든지 예수를 저주할 자라 하지 아
> 니하고 또 성령으로 아니하고는 누구든지 예수를 주
> 시라 할 수 없느니라 (고전 12:3)

성령님이 성도와 함께하시면서 무언가를 성도에게 알게 하실 때는 성령께서 임한 성도의 영이 먼저 알고, 그러고 나서 혼이 알게 된다. 혼이 알 때, 성도는 비로소 응답을 받았다고 한다. 그러나 모든 것이 그렇게 되는 것은 아니었다. 어떨 때는 성령께서 직접 강하게 주실 때도 있다. 아무튼 성도가 주님을 믿게 되는 것 역시 성령에 의해 믿게 되는 것이다.

그러므로 성령 없는 이스라엘 사람들이 예수님 말씀을 듣고 예수님을 미쳤다고 하였고, 심지어 귀신이 들렸다고도 하였다. 이는 성령 없는 자들의 공통된 반응이다.

그것은 지금도 마찬가지라, 세상 사람에게 예수님이 하신 일들을 말하면 그런 반응을 보인다.

> 유대인들이 대답하여 이르되 우리가 너를 사마리아 사람이라 또는 귀신이 들렸다 하는 말이 옳지 아니하냐 (요 8:48)

> 예수께서 대답하시되 나는 귀신 들린 것이 아니라 오직 내 아버지를 공경함이거늘 너희가 나를 무시하는도다 (요 8:49)

> 유대인들이 이르되 지금 네가 귀신 들린 줄을 아노라 (요 8:52)

예수님에게 이런 반응을 보이는 것은 그들의 머리로는 도저히 이해할 수가 없기 때문이다. 예수님이 하신 말씀들은 이성의 인식으로 하신 것이 아니다. 거의 영의 말씀이므로, 영이신 성령께서 함께하시지 않는다면 도저히 이해할 수가 없다. 그러므로 누구든 예수님 말씀을 믿게 됐다면 성령께서 내재하셨고, 하나님 아버지의 자녀가 된 것이다.

> 살리는 것은 영이니 육은 무익하니라 내가 너희에게 이른 말은 영이요 생명이라 (요 6:63)

> 만일 너희 속에 하나님의 영이 거하시면 너희가 육
> 신에 있지 아니하고 영에 있나니 누구든지 그리스도
> 의 영이 없으면 그리스도의 사람이 아니라 (롬 8:9)

선하고 착하다고 하늘나라에 가는 것이 아니라 성령을 받은 자가 간다고 하신다.

> 예수께서 대답하여 이르시되 진실로 진실로 네게 이
> 르노니 사람이 거듭나지 아니하면 하나님 나라를 볼
> 수 없느니라 (요 3:3)

그래서 예수님이 성령을 받으라고 제자들에게 숨을 내쉰 것이다. 부활하신 예수님이 제자들에게 뿜어낸 숨은 코로 들이켜는 숨하고는 차원이 다른 숨이다(창 2:7).

> 이 말씀을 하시고 그들을 향하사 숨을 내쉬며 이르
> 시되 성령을 받으라 (요 20:22)

한마디로, 열 번 죽었다 깨어나도 성령이 안 계시면 하나님 자녀는 아니다. 영이신 하나님을 알려면 영이신 성령의 도움을 받아야 한다. 성령의 도움이 없는 사람이 무슨 재주로 스스로 하나님을 알고 예수님을 알겠는가. 그러니 그들은 죽기 위해 태어난 짐승과 별다를 것 없이 육만을 위해 살아가게 되고,

이런 사람을 계시록에서는 짐승이라고 한 것이다. 그들이 영이 무엇이며 혼이 무엇인지 어찌 알겠는가. 또한, 천국과 지옥을 어찌 알 수가 있겠는가.

이 땅에서의 삶이 끝인 줄 아는 그들은 "세상살이는 오로지 돈이더라." 하고 돈만을 위해 돈을 벌어 왔다. 그러니 그들의 우상은 곧 돈이므로, 짐승(예수를 믿지 않는 자)의 우상이 돈이라고 한 것이다. 세상 사람들의 삶을 보라. 오로지 돈뿐이다. 또 그들은 돈의 위력도 잘 알고 있다. 요한계시록 13장 15절 말씀에 '우상(돈)에 생기(生氣)를 주었다'고 한 것은, 돈이 사람에게 활력을 주는 생기(生氣) 역할을 하기 때문이다. 또 우상(돈)이 말을 한다고도 하였는데, 실제로 우상(돈)에는 탁월한 재주가 있다. 부탁하고 사정해도 안 되던 것도 우상(돈)이 들어가면 일사천리로 진행되는 것을 보면 돈의 위력이 실감 나게 마련이다. 그렇기에 '우상이 말한다'고 한 것이다. 세상을 다양하게 경험한 짐승(예수 믿지 않는 자)에게는 돈이 우상이 될 수밖에 없다. 인생살이의 해결사 같은 돈이지만, 성경에서는 '돈을 사랑하는 것은 만악의 뿌리'라 하였다. 가룟 유다가 사람으로서는 도저히 할 수 없는 짓을 하게 된 것도 만악의 뿌리인 돈에 빠졌기 때문이다. 누구든 돈에 빠지면 무슨 짓이든 가리지 않게 된다.

> 돈을 사랑함이 일만 악의 뿌리가 되나니 이것을 탐내는 자들은 미혹을 받아 믿음에서 떠나 많은 근심으로써 자기를 찔렀도다 (딤전 6:10)

> 여호와여 이 세상에 살아 있는 동안 그들의 분깃을
> 받은 사람들에게서 주의 손으로 나를 구하소서 그들
> 은 주의 재물로 배를 채우고 자녀로 만족하고 그들
> 의 남은 산업을 그들의 어린 아이들에게 물려주는
> 자니이다 (시 17:14)

요한계시록 13장에 이런 말씀이 있다.

> 그가 모든 자 곧 작은 자나 큰 자나 부자나 가난한 자
> 나 자유인이나 종들에게 그 오른손에나 이마에 표를
> 받게 하고 누구든지 이 표를 가진 자 외에는 매매를
> 못 하게 하니 이 표는 곧 짐승의 이름이나 그 이름의
> 수라 (계 13:16~17)

'표를 이마에 받는다'는 것은 어떻게 하면 돈을 많이 벌 수 있을지 쉬지 않고 머리를 굴린다는 의미다. '손에 받는다'는 것은 머리를 써서 번 돈을 손으로 거두어들인다는 뜻이다. 그러나 대환난 날이 가까워지면, 돈을 벌기 위해 머리 쓴 이마와 번 돈을 거두어들인 손에 돈 대신 표를 받을 것이다. 결국, 돈만을 위해 사용한 머리와 손은 악한 영의 올무에 자연스럽게 걸려들게 된다. 그도 그럴 것이, 세상은 갈수록 복잡하고 다양해지므로, 생활에 이로움과 편리함을 주는 것을 거리낌 없이 무엇인가를 이마나 손에 누구나 받으려 할 것이다. 그러나 성도는 받으면 안 된다. 어쩌면 그것이 베리칩이 될 수도 있을 것이다.

그가 모든 자 곧 작은 자나 큰 자나 부자나 가난한 자
나 자유인이나 종들에게 그 오른손에나 이마에 표를
받게 하고 누구든지 이 표를 가진 자 외에는 매매를
못 하게 하니 이 표는 곧 짐승의 이름이나 그 이름의
수라 (계 13:16~17)

또 다른 천사 곧 셋째가 그 뒤를 따라 큰 음성으로 이
르되 만일 누구든지 짐승과 그의 우상에게 경배하고
이마에나 손에 표를 받으면 그도 하나님의 진노의
포도주를 마시리니 그 진노의 잔에 섞인 것이 없이
부은 포도주라 거룩한 천사들 앞과 어린 양 앞에서
불과 유황으로 고난을 받으리니 그 고난의 연기가
세세토록 올라가리로다 짐승과 그의 우상에게 경배
하고 그의 이름 표를 받는 자는 누구든지 밤낮 쉼을
얻지 못하리라 하더라 성도들의 인내가 여기 있나니
그들은 하나님의 계명과 예수에 대한 믿음을 지키는
자니라 (계 14:9~12)

짐승이 잡히고 그 앞에서 표적을 행하던 거짓 선지
자도 함께 잡혔으니 이는 짐승의 표를 받고 그의 우
상에게 경배하던 자들을 표적으로 미혹하던 자라 이
둘이 산채로 유황불 붙는 못에 던져지고 (계 19:20)

35

너희 집안 잘 돌아간다

교회 일이 매끄럽지 못할 때면 집사람과 두 딸에게 잔소리도 했고, 가끔은 불만스러워 투덜거리기도 했다. 그런데 어느 날 그렇게 불평하고 있을 때, 갑자기 큰 톱니바퀴 두 개와 작은 톱니바퀴 두 개가 서로 맞물려 돌아가는 것이 눈앞에 스쳐 갔고, "너희 집안은 잘 돌아가고 있다."라고 말씀하셨다. 큰 톱니바퀴 두 개는 나와 집사람, 작은 톱니바퀴 두 개는 두 딸임을 알 수 있었다. 각자 맡은 일을 잘 하고 있음을 긴말 필요 없이 이해할 수 있도록 보여 주신 것이다. 어쩌면 이렇게도 이치에 딱 맞게 이해할 수 있도록 가르쳐 주시는지 정말 신기하다는 생각이 들었다. 식구들에게 투덜거리고 잔소리했던 것이 미안해졌다.

처음 개척을 하고 1년 정도 됐을 때, 금식 기도를 드리다가 주신 은혜를 받고 머리가 띵했던 적이 있다. 나름대로 최선을 다한다고 했는데 "주님 일 50%, 내 일 50%씩 섞여 있다."라고 하셨기 때문이다. 그때가 신학교 1학년이었다. 1학년이면 정말 뜨거울 때라 주님만 보고 산다고 믿었는데, 반씩 섞여 있다는 말씀에 충격을 받을 수밖에 없었다. 그때 50에 불과하다는 것을 알게 됐지만, 60이나 70으로 넘어가지 못한 것은 그게 한계이기 때문인 것도 같고, 돌이켜 생각하면 그때 50으로 봐 주신 것도 종을 불쌍히 여겨 후하게 말씀해 주신 것 같기도 하다.

어쨌든 그때 더 충격이 컸던 것은 마음먹고 금식 기도를 드리던 중 전혀 생각지도 못한 말씀이었기 때문이다. 하지만 생각해 보면, 그때 금식 기도를 드리지 않았다면 오직 주님만 바라보고 잘하고 있다는 착각에 빠져 살았을 것이다. '이래서 금식 기도가 필요하구나.' 하는 생각이 참으로 많이 들었다.

36

뜨거운 거 먹지 마라

신학 1학년 때였다. 식구들과 함께 저녁을 먹으려고 식사 기도를 드리는데, "뜨거운 거 먹지 마라." 하셨다. 어릴 때부터 뜨거운 음식을 좋아하고 잘 먹어서 심지어 한여름에도 음식을 펄펄 끓여서 먹곤 했다. 먹다가 식으면 다시 끓여서 먹기도 했다. 이는 어머니의 영향이었다. 어머니는 음식은 뜨거워야 맛있다고 하시면서 언제나 밥상에 국이든 찌개든 뜨거운 것을 올리셨다. 그러니 주님이 뜨거운 것을 먹지 말라고 하셨을 때 어머니 생각이 날 수밖에 없었다. 어머니는 60대 초반에 위암으로 돌아가셨다. 어머니께서 위암에 걸리신 이유를 알지 못했는데, 그때 주님 말씀을 듣고서야 뜨거운 음식이 원인이라는 것을 알게 됐다. 그때부터 식구들에게도 뜨거운 것은 일절 못 먹게 하였다. 이런 것까지 보살펴 주실 줄은 정말 몰랐으니, 그날 말씀을 들은 후 얼마나 감사했는지 모른다.

건강 검진을 받을 때 가족 병력을 적다 보면 어머니가 생각나고, 더불어 위암이라는 괴물을 미리 차단할 수 있도록 종에게 은혜를 주신 주님께 감사가 절로 나온다.

> 너희에게는 머리털까지 다 세신 바 되었나니 두려워하지 말라 너희는 많은 참새보다 귀하니라 (마 10:30~31)

37

믿음대로 될지어다

50대 초반의 어느 날이었다. 주일 오후 예배를 드린 후, 갑자기 숨이 차고 숨을 쉬기가 힘들어져 나도 모르게 드러누웠다. 눕고 나니 한결 숨을 쉬기가 편해져서 괜찮아진 줄 알고 일어나 앉았으나, 다시 호흡이 힘들어졌고, 불길한 생각마저 들었다. 나는 혹시라도 위급해지면 인공호흡을 해 달라고 동생에게 부탁하고 다시 누웠다. 그런데 이번에는 누워도 숨을 쉬기가 힘들었다. 놀란 마음에 병원에 가려고 급히 택시를 탔으나, 어느 병원에 가야 할지를 몰라 기사에게 상황을 설명하였다. 기사가 부산 송도에 있는 고신의료원이 심장 질환을 잘 본다고 하여 그리로 가면서 불안하여 마음속으로 기도를 드렸다. 그런데 "돌아가라."라고 말씀하셨다! 당장이라도 큰일이 날 것 같은 상황이니 선뜻 돌아갈 수도 없고, 그렇다고 주님 말씀을 무시할 수도 없어 고민을 하다 보니 택시는 어느덧 병원에 도착하였다. 주님 말씀에 순종하지 못해 부끄러웠기에 같이 온 식구들에게 말도 못 하고 응급실로 들어섰다.

응급실 문 옆에 붉은 의자가 있어 집사람과 동생에게 "여기 잠시 앉아 주께 기도 한 번 드리고 가자." 하고 기도를 드리는데, 동생이 벌떡 일어서더니 환하게 웃었다. 그러고는 "형, 믿음대로 된다고 하시는데요?" 하면서 양손으로 크게 포물선을 그렸다. 그리고 "형은 아직 멀었어요. 그런데 그때가 언제인지는 말하지 말라고 하셨어요." 하는 것이다. '그때'란 주님이 나를 부르실 때를 말씀하신 것 같았다. 궁금하긴 했으나, 말하지 말라고 하셨다니 묻지는 못했다. 그러니 그때가 언제인지를 아는 이는 지구상에 단 한 사람, 내 동생뿐이다.

다윗은 자신이 언제까지 사는지를 알고 자신의 연약함을 알기를 원한다고 하였지만, 그 응답은 받을 수가 없었다.

> 여호와여 나의 종말과 연한이 언제까지인지 알게 하사 내가 나의 연약함을 알게 하소서 (시 39:4)

동생을 통하여 믿음대로 된다는 말씀을 들었는데도 나는 여전히 불안하였다. 그러나 주의 종이라는 자가 주님 말씀을 믿지 못하면 누가 믿겠는가 싶어, 죽든 살든 주께 맡기자는 생각으로 곧장 응급실에서 나와 집으로 돌아왔다. 그로부터 18년이 지났으나 아무 이상 없이 멀쩡하게 살아 있다. 주님께서 고쳐 주신 것은 탈이 없다. 택시 안에서 돌아가라고 말씀하셨는데도 믿음이 약하여 주신 말씀을 못 잡고 응급실까지 들어간 나를 보시며 안타깝게 여기시어 동생을 통하여 다시 말씀을 전하셨으니, 나약한 종의 믿음을 회복시키시려 이끌어 주시는 동시에 믿음으로 치료까지 되도록 하신 것이다.

생각해 보면 숨을 쉬게 하는 기관은 폐가 아닌가. 그런데도 심장 문제라고 생각한 이유는 뭘까? 폐는 오래전 새벽 기도 때 말씀으로 고쳐 주셨기 때문에 폐에 문제가 있을 거라고는 전혀 생각조차 할 수가 없었던 것이다. 물론 지금까지도 그때 문제가 있었던 것이 심장이었는지 폐였는지는 알 수가 없다.

병원에서 돌아온 후로도 가끔 숨을 쉬기가 불편하고 좋지 않을 때가 있었지만, 믿음대로 된다는 말씀에 의심이 들지 않도록 "믿음대로 될지어다."를 더욱 크게 외치면서 건강을 지켜 왔다.

어려운 상황이 와도 말씀을 믿는 것이 진정한 믿음인데, 그게 그렇게 쉬운 것은 아니다. 베드로가 물 위로 걸어오시는 주님을 보고 자신도 물 위로 걷게 해 달라고 주님께 말씀드렸다. 주님이 걸어오라고 하자 베드로는 그 말씀을 믿고 물에 발을 딛고 걸었다. 그러나 이는 잠시뿐이었다. 갑자기 불어오는 바람에 출렁이는 물결을 본 순간, 말씀에 의지한 베드로의 믿음은 곤두박질한다. 이렇게 되면 다음 순서는 이성이 작동한다. 이성이 작동하자 베드로 눈앞에 계시던 주님은 가려지고 물 위에 있는 자신만 보였다. 그리고 물속으로 가라앉았다.

베드로가 잠깐이나마 물 위로 걸을 수 있었던 것은 이성적인 판단 덕이 아니다. 말씀을 믿고 믿음으로 걸은 것이다. 하나님의 말씀은 사람의 이성이나 지성으로 접근할 수가 없다. 호흡 곤란을 일으킨 사람이 급히 병원으로 찾아와 놓고 진료를 보기도 전에 의사에게 "주님이 집으로 돌아가라고 하시는데요." 한다면 의사는 뭐라고 할까? 이성이 주님의 말씀을 믿게 하는 것이 아니요, 지성이 성경 말씀을 알게 하는 것도 아니다. 영성이 하는 것이다. 그래서 주님이 깨어 있으라고 하신 것이다.

그러므로 깨어 있으라 어느 날에 너희 주가 임할는
지 너희가 알지 못함이니라 (마 24:42)

성도가 이성과 지성에 익숙해져 있으면 모래성 위에 집을 짓는 것과 같다.
믿음이란 주신 말씀을 붙잡고 물 위를 걷는 베드로와 비슷한 것이다.

은혜받은 자에게 오는 마귀

주님은 열두 제자에게 이렇게 물으셨다. "너희는 나를 누구라고 하느냐?"
베드로가 말씀드리기를,

> 주는 그리스도시요 살아 계신 하나님의 아들이시니
> 이다 (마 16:16)

이 말을 들으신 주님이 베드로에게 이르시기를,

> 바요나 시몬아 네가 복이 있도다 이를 네게 알게 한
> 이는 혈육이 아니요 하늘에 계신 내 아버지시니라
> (마 16:17)

베드로가 한 말이 스스로 알아서 한 것이 아니라 하나님 아버지가 가르쳐

주신 말씀이라니, 베드로는 놀랄 수밖에 없었을 것이다. 주님의 말씀을 들은 베드로는 그때 무슨 생각을 했을까? 아마도 은혜받지 못한 제자들은 할 수 없는 생각을 하지 않았을까? 만약 베드로가 우쭐한 마음에 악한 영 마귀가 좋아하는 생각을 하였다면, 마귀는 틀림없이 적당한 때에 그의 생각을 이용해 악에 사용하고자 했을 것이다. 그때가 주께서 제자들에게 이 말씀을 하실 때였다.

> 장로들과 대제사장들과 서기관들에게 많은 고난을 받고 죽임을 당하고 제삼일에 살아나야 할 것을 제자들에게 비로소 나타내시니 (마 16:21)

고난을 받으시고 죽임까지 당하신다는 주님 말씀에 베드로는 말씀드리기를,

> 베드로가 예수를 붙들고 항변하여 이르되 주여 그리 마옵소서 이 일이 결코 주께 미치지 아니하리이다 (마 16:22)

베드로는 십자가에서 돌아가셔야 할 주님에게 그런 일은 결코 일어나지 않을 것이라고 주님을 붙들고 자신 있게 말할 수 있었던 것은 사탄으로부터 받은 것이 있었기 때문이다. 베드로가 '주는 그리스도요, 살아 계시는 하나님의 아들'이라고 하였을 때, 하나님께 받은 것과 동일하거나 무척 비슷한 방법으로 사탄의 것이 들어왔고, 그는 이 또한 하나님 아버지가 주신 것으로 생각하

고 주님을 붙잡으며 말씀드렸을 것이다. 그러나 이번에는 달랐다. 베드로를
이용한 사탄에게 주님이 말씀하시기를,

> 사탄아 내 뒤로 물러가라 너는 나를 넘어지게 하는
> 자로다 네가 하나님의 일을 생각하지 아니하고 도리
> 어 사람의 일을 생각하는도다 하시고 (마 16:23)

주님의 길을 가로막는 베드로의 말은 사탄의 것이었다. 그래서일까. 사도
바울에게 이런 은혜를 주셨다.

> 여러 계시를 받은 것이 지극히 크므로 너무 자고하
> 지 않게 하시려고 내 육체에 가시 곧 사단의 사자
> 를 주셨으니 이는 나를 쳐서 너무 자고하지 않게 하
> 려 하심이니라 이것이 내게서 떠나기 위하여 내가
> 세 번 주께 간구하였더니 내게 이르시기를 내 은혜
> 가 네게 족하도다 이는 내 능력이 약한데서 온전하
> 여짐이라 하신지라 이러므로 도리어 크게 기뻐함으
> 로 나의 여러 약한 것들에 대하여 자랑하리니 이는
> 그리스도의 능력으로 내게 머물게 하려함이라 (고후
> 12:7~9)

종의 경우 이런 일을 경험했다. A라는 사람 때문에 여러 번 마음 아팠던 적
이 있는데, 그때마다 잘 참았다. 그렇게 잘 참고 몇 달이 지났는데, 갑자기 머
리 위쪽에서 A의 이름을 거명하며 "불이익을 주라." 했다. 그것도 두 번 연속

으로 들려서 '여러 가지로 애를 먹었으니 불이익을 주라고 하시는구나.'라는 생각이 들기도 했다. 그러나 직접 불이익을 주기에는 마음이 좀 걸려서, '말씀하신 대로 이루어 달라.'라는 기도를 하루도 안 빠지고 9개월 정도 열심히 드렸다. 기도를 드리는 중간중간에도 "불이익을 주라."라는 비슷한 말을 총 6번이나 들었다. 그때마다 더 확신을 가지고 '하신 말씀대로 이루어 달라.'라고 기도를 올렸는데, 오히려 엉뚱한 일이 생긴 것이다. 그제야 '속았구나.' 하는 생각이 들었고, '이렇게도 속이는구나.' 하고 참으로 허탈했다.

젊었을 때 어디에서인가 이런 말을 들었다. 악한 영은 같은 말을 두 번 하지 않는다고⋯. 내가 그 말을 들었음을 알았기에 사탄은 처음부터 두 번 연속으로 "불이익을 주라."라고 했던 것이다. 나를 속이기 위함이었다.

그전에 A가 아닌 다른 사람으로 인하여 애를 먹은 적도 있는데, 이때는 기도를 드렸더니 "속이 상하고 마음이 아파도 불이익을 주면 안 된다."라는 응답을 받아서 마음 편히 잘 지냈다. 그런데 이번에는 A의 이름까지 대면서 불이익을 주라는 것이다. 그러나 직접 하고 싶지 않아서 계속 기도만 하니, 이 사악한 것이 답답하고 조급증이 나니까 중간중간 비슷한 말로 바람까지 잡으면서 재촉한 것이다.

악한 영이 불이익을 주라고 한 그 사람은 보통 사람과 달리 못된 기질을 가지고 있었다. 아마도 그 사람에게 어떤 불이익이 가도록 했다면 큰 소란을 피웠을 것이다. 9개월 동안 악한 영에게 속았다는 것을 깨닫고 못된 기질을 가진 그에게 유익한 말을 했는데 속으로부터 엄청나게 큰 기쁨이 올라왔다. 아마도 그 큰 기쁨은 "네가 잘하고 있으니 내가 기쁘구나." 하시는 주님의 기쁨이었을 것이다.

성도가 기도를 드리다가 대뜸 어떤 영의 것이 감지될 때, 이것이 밖에서 들린 것이라면 천사 아니면 악한 영일 것이다. 이때 분별을 해야 하는데, 먼저 성경 말씀에 부합하느냐를 살펴야 한다. 영의 것을 들었다고 다 받아들이면 매우 위험해질 수 있다. 분별을 하지 못하고 그 말에 매이게 되면 이단이나 사이비가 될 수도 있고, 이상한 사람 취급을 받을 수도 있으므로 조심해야 한다.

> 사랑하는 자들아 영을 다 믿지 말고 오직 영들이 하나님께 속하였나 분별하라 많은 거짓 선지자가 세상에 나왔음이라 (요일 4:1)

천사든 악한 영이든 육의 눈에는 보이지 않는다. 뿐만 아니라 영체가 하는 말도 육의 귀로 들을 수 있는 것이 아니다. 점을 보러 간 사람이 점쟁이에게 말하는 악한 영을 보거나, 그 말을 들을 수는 없지 않은가. 때문에 육은 영의 것에 관심도 없고 무덤덤하므로 영이 예민한 성도에게 장난치기가 쉽다. 영이 예민한 자는 곧 기도하는 성도들일 것이다. 기도할 때 틈을 타서 엉터리 응답을 들리게 할 수도 있다.

이번 일로 알게 된 것은 못된 영들이 나에 대하여 무엇인가를 알고 있는 것만큼 속이려 한다는 것이다. 그리고 성도가 누구에게 큰 상처를 받았을 때 참는 것으로 족한 것이 아니었다. 오히려 그를 도와주고 위할 때 엄청 기뻐하시는 분이 주님이셨다. 그렇게 기뻐하실 줄은 몰랐다. 정말로 기뻐하셨다.

너희를 박해하는 자를 축복하라 축복하고 저주하지 말라 (롬 12:14)

아무에게도 악을 악으로 갚지 말고 모든 사람 앞에서 선한 일을 도모하라 (롬 12:17)

악에게 지지 말고 선으로 악을 이기라 (롬 12:21)

너희가 너희를 사랑하는 자를 사랑하면 무슨 상이 있으리요 세리도 이같이 아니하느냐 (마 5:46)

은혜 없이 마음먹은 대로 믿음이 지켜지나

결핵이 재발해 7년을 앓고 있을 때였다. 성경 말씀을 읽다가 병을 고쳐 주신 말씀이 나오면 '이 말씀을 붙잡는다면 치료될 수 있겠다.'라는 생각이 많이 들었다. 그래서 오직 믿음으로 주님만 의지하기 위해 복용하던 약을 통째로 휴지통에 버리고 "주여, 고쳐 주실 것을 믿습니다." 하고 마음을 다잡고 의심 없이 믿음으로 나아갔다. 그런데, 2~3일 정도 지나자 특유의 비릿한 냄새와 함께 피가 목으로 올라오는 것이다. 순간, 두려운 생각으로 급히 병원으로 달려가서 약을 타고 주사를 맞을 수밖에 없었다. 그리고 가지고 온 주사는 간호사가 가르쳐 준 대로 거울을 보고 엉덩이 1/4 정도에 매일 놓았다. 그러다 보니 믿음으로 치유를 받겠다던 결심은 맥없이 사그라들었다.

그러다 몇 개월이 지나고, 말씀을 읽다가 또 새로운 치유의 말씀을 보면 '이런 말씀이 있었구나! 전에는 믿음이 약해서 피만 올라오면 두려워서 포기했지만, 이번에는 진짜로 끝까지 간다!' 하고 마음을 단단히 먹고 복용하던 약을 휴지통에 또 버렸다. 그리고 긴장하는 마음으로 '죽으면 죽으리라!' 하는 각오로 나아갔지만 어김없이 2~3일 후 목을 타고 올라온 피를 보면 죽으면 죽으리라는 믿음은 한 방에 날아가고 총알같이 병원으로 간 것이 한두 번이 아니었다. 주님이 많은 병자에게 일률적으로 같은 말씀 "믿음대로 될지어다."로 치유하신 것은 아니었다.

예를 들어,

> 예수께서 집에 들어가시매 맹인들이 그에게 나아오거늘 예수께서 이르시되 내가 능히 이 일 할 줄을 믿느냐 대답하되 주여 그러하오이다 하니 이에 예수께서 그들의 눈을 만지시며 이르시되 너희 믿음대로 되라 하시니 (마 9:28~29)

주님이 소경에게 "내가 너를 고쳐 줄 것을 믿느냐?"라고 물으셨을 때, 믿는다는 소경의 눈을 만지시며 "믿음대로 되어라." 하시고 눈을 즉시 뜨게 하셨다. 소경은 주님이 치유해 주실 것을 믿었고, 주님은 믿음을 가진 그의 눈을 뜨게 하셨다. 하지만 나에게 해당되는 말씀은 아니었다. 소경은 볼 수가 없으므로 보아서 범한 죄는 없었을 테니 믿음만으로 치료받는 데 지장이 없었을 것이다. 그러나 눈으로 보고 안목의 정욕대로 살아온 나로서는 "믿습니다!" 한다고 될 일이 아니었다. 내 경우는 오히려 중풍병자와 비슷했다. 주님이 소경에게 하신 말씀과 중풍병자에게 하신 말씀은 달랐다. 소경에게 하지 않으셨던 말씀을 중풍병자에게는 하셨다. 먼저 안심하라 하셨고, 네 죄를 용서받았다고 하셨다.

중풍병자에게 이르시되 작은 자야 안심하라 네 죄
사함을 받았느니라 (마 9:2)

인간의 죄를 담당하시기 위해 오신 예수님만이 하실 수 있는 말씀이다. 죄의 덫에 걸려 있는 중풍병을 풀어 주실 것이므로 안심하라고 하셨다. 이어서 "네 죄 사함을 받았느니라" 하셨을 때, 그를 잡고 있던 죄의 사슬인 중풍병이 사라진 것이다. 죄의 사슬에 매인 중풍병자가 소경같이 "믿습니다!" 한다고 되는 것이 아니므로, 먼저 그의 죄부터 사하셨다. 주님을 떠나 세상에서 10년을 방황하다 돌아와 놓고, 믿음을 가진 소경을 눈 뜨게 하신 말씀만 보고 "저도 믿음을 가졌으니 고쳐 주세요." 한다고 될 리가 없다. 죄를 토해 내는 회개가 없었기 때문이다.

아무것도 모르고 믿음으로 한다고 약을 버린 채 "믿습니다!"만 했으니 허공의 메아리였다. 그리고 회개가 없다 보니 세상에서 방황한 것 같기는 한데 그저 막연했고, 어떤 것이 주님 앞의 죄인지 모를 수밖에 없었다. 그저 병만 고쳐지면 된다는 생각으로 이런저런 결심을 하고는 "믿습니다!"를 반복했던 것이다. 일에는 순서가 있다. 회개는 치유받기 원하는 성도에게만 해당되는 것이 아닌, 모든 성도에게 해당된다. 그때 나는 병에서 풀려나기를 원했지만 주님은, 고난의 은혜가 있는 광야로 끌고 가셨다. 광야에 있는 내가 무슨 말씀을 잡는다고 해서 그 말씀을 잡을 수 있는 것도 아니었고, "믿습니다!" 한다고 해서 믿음이 지켜지는 것도 아니었다. 말씀도 잡게 할 때 잡아지는 것이고, 믿어지게 할 때 믿어지는 것이다. "믿습니다!" 하고 약봉지를 던진 것은 주님과는 무관한 나만의 감정이자 객기였다.

주님이 잡혀가시자 자신만 살겠다고 주님을 저주한 베드로가 '주를 위하여 목숨도 내놓고 옥에라도 가겠다'고 장담했던 것은 의리와 용기에서 나온 객기였다. 주님 일은 의리와 용기로 하는 것이 아니다. 훗날 주가 주신 은혜로 충성을 다한 사도 베드로는 순교로 제자의 자리를 지켰다. 순교가 의리와 용기로 되는 것이 아니듯 모든 것은 주가 주시는 은혜로 되는 것이다.

믿음이란 좌충우돌하면서 성장하는데, 좌충우돌하는 이런 믿음을 '광야의 믿음'이라고 한다. 고난과 시련이 있는 광야에 오히려 은혜가 더 많은 것은 광야가 육의 혈기를 빼내는 곳이기 때문이다.

> 네 하나님 여호와께서 이 사십 년 동안에 네게 광야 길을 걷게 하신 것을 기억하라 이는 너를 낮추시며 너를 시험하사 네 마음이 어떠한지 그 명령을 지키는지 지키지 않는지 알려 하심이라 너를 낮추시며 너를 주리게 하시며 또 너도 알지 못하며 네 조상들도 알지 못하던 만나를 네게 먹이신 것은 사람이 떡으로만 사는 것이 아니요 여호와의 입에서 나오는 모든 말씀으로 사는 줄을 네가 알게 하려 하심이니라 (신 8:2~3)

잘못된 자녀 교육

   성도가 하나님 아버지의 회초리를 맞을 수밖에 없는 것은 타고난 죄 때문으로, 크건 작건 맞으면서 성장한다.

   율법이 엄한 것도 인간이 가진 죄의 기질을 누르기 위함도 있다. 세상 법이 엄할수록 범죄가 줄어드는 원리와 비슷한 것도 함축되었을 것이다. 예수 그리스도께서 우리의 죄악을 지고 십자가에서 돌아가신 후 율법의 두려움은 사라졌고 하나님 아버지의 사랑을 누리고 살지만, 육이 가진 죄의 기질 때문에 하나님 아버지의 회초리는 여전히 강력하게 작동하고 있다.

   감사하게도 회초리를 잡으시기 전에 항상 먼저 경고를 하시고 넉넉하게 시간까지 주신다. 하지만, 이때 정신을 차리고 돌아서지 못하여 대부분은 얻어터지고 돌아온다. 그런데 때로는 세상을 떠나게 하는 회초리도 사용하신다. 그렇기에 하나님께 예배를 드리는 성도라면 자녀에게 말씀을 읽게 하고 기도하는 습관을 갖도록 해야 한다. 그렇게 한다면 큰 회초리를 피할 수 있을 것이다. 대제사장 엘리는 두 아들의 죄악이 이미 도를 넘었음을 주변에서 듣고 알았다.

> 엘리가 매우 늙었더니 그의 아들들이 온 이스라엘에
> 게 행한 모든 일과 회막 문에서 수종 드는 여인들과
> 동침하였음을 듣고 (삼상 2:22)

두 아들의 죄는 그것뿐만이 아니었다. 하나님께 드리는 제물을 율법에 따라 드리는 것이 아니라 자기들 마음대로 하기가 예사였다.

> 이 소년들의 죄가 여호와 앞에 심히 큰 그들이 여
> 호와의 제사를 멸시함이었더라 (삼상 2:17)

이렇게 막 나가는 아들에게 회초리를 잡을 수 있는 이는 아버지뿐이므로 아들들의 죄를 엘리가 듣게 하셨으나, 그는 소문을 듣고도 상응하는 조치를 하지 않았다. 결국 대제사장 엘리 가문이 무서운 저주로 박살 나게 됐으니, 아비가 화를 자청한 꼴이 된 것이다.

> 내가 그의 집을 영원토록 심판하겠다고 그에게 말한
> 것은 그가 아는 죄악 때문이니 이는 그가 자기의 아
> 들들이 저주를 자청하되 금하지 아니하였음이니라
> (삼상 3:13)

> 너희는 어찌하여 내가 내 처소에서 명령한 내 제물과 예물을 밟으며 네 아들들을 나보다 더 중히 여겨 내 백성 이스라엘이 드리는 가장 좋은 것으로 너희들을 살지게 하느냐 (삼상 2:29)

> 보라 내가 네 팔과 네 조상의 집 팔을 끊어 네 집에 노인이 하나도 없게 하는 날이 이를지라 이스라엘에게 모든 복을 내리는 중에 너는 내 처소의 환난을 볼 것이요 네 집에 영원토록 노인이 없을 것이며 내 제단에서 내가 끊어 버리지 아니할 네 사람이 네 눈을 쇠잔하게 하고 네 마음을 슬프게 할 것이요 네 집에서 출산되는 모든 자가 젊어서 죽으리라 네 두 아들 홉니와 비느하스가 한 날에 죽으리니 그 둘이 당할 그 일이 네게 표징이 되리라 (삼상 2:31~34)

하나님 아버지의 무서운 진노를 피하는 길은 딱 한 가지, 죄를 토해 내는 회개뿐이다.

41

죽든지 살든지 맡겨라

마산 무학산 정상에는 기도하기 좋은 크고 넓은 바위가 있다. 오른쪽 밑으로는 십자(十)형으로 쪼개진 바위가 있는데, 그곳에서 주기철 목사님이 기도를 드렸다고 알려져 있다. 앞쪽 먼바다를 바라보면 속이 확 트이는 것 같아 틈틈이 기도하러 다녔던 곳이다. 여기서 밤 10시 이후로 시작하는 40일 밤 작정 기도를 드린 적도 있고, 낮에도 40일 작정 기도를 드리기도 했다.

그리고 김해로 온 지 약 25년이 흐른 지난 2020년 설 연휴 때 문득 이곳이 생각나서 무학산으로 가는데 마치 고향에 가는 것처럼 설렜다. 나이가 들어서인지 가쁜 숨을 몰아쉬며 산 중턱까지 올랐는데, 방향이 헷갈렸다. 어디로 가야 할지 몰라 살피던 중, 왼쪽 높은 숲에서 연한 자주색 옷에 쥐색 조끼를 입은 커다란 남자가 두 손을 높이 들고 기도하는 모습이 보였다. 저곳이구나 하고 가 봤는데, 사람은 보이지 않았다. 조금 이상해서 곰곰이 생각해 보니 그 사람은 사람이라기에는 너무 컸다. 그리고 기도 바위가 숲에 가려 전혀 보이지 않는 곳인데 두 손 높이 들고 기도한다고 해서 보일 리가 없었다. 그런데도 사람이 보인 것은 천사가 장소를 알려 준 것이라는 생각이 들었고 순간 롯의 집으로 찾아간 천사가 떠올랐다.

산 기도를 좋아해서 김해에 와서도 40일 작정 기도를 두 번 드렸다. 최근에 드린 40일 작정 기도 마지막 날 말씀하시기를 "죽든지 살든지 맡겨라." 하셨다. 이 말씀을 받기 위해 작정 기도를 드린 것이 아니었다. 그래서 무슨 말씀인지 이해가 안 돼 곰곰이 생각해 보니, 생명에 애착이 많은 종이라 기도를 드릴 때마다 거의 빠지지 않고 나와 식구와 성도를 포함한 건강 기도를 드렸다. 사실 나와 식구만 넣으면 얌체 같다고 하실까 봐 성도들 기도까지 하게 된 것이다. 아무튼, 빠지지 않고 건강 기도를 드린 것은 몸이 아파 사경을 헤맨 적이 많았기 때문이다. 안 아프고 건강하게 주님 일을 하면서 살고 싶은 생각으로 드린 기도였다.

청년 때 폐결핵으로 죽을까 싶어 불안해하고 있을 때 참새 새끼 두 마리를 보여 주심으로써 모든 생명은 하나님 아버지가 가지고 계심을(마 10:29) 가르쳐 주시고 염려하지 않게 하셨다. 그런데도 매일 건강 기도를 드리니 답답하셔서 그런 말씀을 하셨나 하는 생각이 들기도 하였다. 어쩌면 그 생각이 맞는 것 같기도 하다. 종의 이름이 개동이라 이름이 조금 그렇다 싶어 "베드로로 이름을 바꾸고 싶습니다." 하고 기도를 드린 적이 있는데, "베드로같이 하겠느냐?"라고 물으셨다. 그런데 순간적으로 떠오른 것이 용감한 베드로, 충성스러운 베드로가 아니라 순교한 베드로였고, 겁이 나서 "그 이름 안 하겠습니다." 했다. 그러니 생각해 보면 주님이 답답하셔서 그렇게 말씀하신 게 맞는 것 같다. 이제는 나이가 들어서인지 은혜 덕분인지는 몰라도, 생명에 대한 애착은 있어도 죽음에 대한 두려움은 크지 않은 것 같다.

주인이 하실 말씀을 종이 하고 있었다

교회 일로 청년들과 함께 저녁 늦게까지 일을 하고 마칠 때 "수고했다."라고 하였다. 그런데 옆에 있던 동생이 갑자기 "형, '수고했다'는 말은 종이 하는 것이 아니라 주님이 하실 말씀이라고 하는데요." 하는 것이다. 그 말을 듣고 나도 모르게 뜨끔했다. 말로는 종이라고 하면서 나도 모르게 주인 행세를 했기 때문이다. '왜 이럴까?' 하고 고민을 하니 한숨만 나왔다. 누구든지 주님 일에 열심이라면 교회 주인이시고 머리이신 주가 "수고했다."라고 하실 것이다.

43

큰딸

  교회 개척은 말로 다 할 수 없을 만큼 고달픈 것을 잘 알고 또 피부로 느끼고 살아온 큰딸이 신학을 하겠다고 했을 때, 당황하면서도 혹시 하나님의 섭리가 있을까 싶어 "주님이 허락하신다면 하라."라고 하였다. 주님의 허락이란, 딸이 신학을 하기를 바라신다면 입학 등록금을 만들어 주실 것이고, 허락하시지 않는다면 그게 안 될 것이라는 말이었다. 딸이 주님 일을 하기를 바라셨던지 입학 등록금 마감일에 등록금이 생겼고, 큰딸은 장신대에 입학했다. 학업 중 교회 교육 전도사로 있으면서 부지런하게 일을 해서인지 담임 목사님 소개로 큰 교회에 좋은 여건으로 전도사로 가게 되었다고 좋아했다.

  나는 가지 말고 개척하는 아버지에게 오라고 하였다. 교회 목사님에게 사랑받고 맡은 중고등부가 늘어나면서 딸의 언어와 행동에서 우쭐함이 보였기에, 전도사로 가는 것보다 나에게 와서 훈련받는 것이 낫겠다는 생각으로 그리 말한 것이다. 우리 교회는 개척 교회라 등록금이나 용돈은 생각지도 못했고, 또 이 종은 그런 돈을 준 기억도 없다. 학교에 다니던 딸들이 어떻게 공부

했는지도 잘 모르겠다. 돌아온 딸에게는 미안했지만, 교회 화장실 청소를 혼자 책임지고 하게 했다. 청소할 때 한 번씩 보면 팔을 걷어붙이고 열심히 잘하는 것 같아서 본래 1년을 시키려던 것을 11개월을 시켰다. 훗날 딸아이는 "화장실 청소를 할 때 많은 것을 깨달았다."라고 했다.

 사실, 보기 드물게 착한 딸이었다. 아버지가 전도사였을 때, 어린 나이에도 아버지를 잘 도왔다. 어릴 때부터 이 모양 저 모양으로 훈련을 받으면서 자라온 딸이 이제 컸다고 데이트하는 친구가 있다면서 친구가 어떤지 기도를 해 달라고 하기도 했다. 그래서 기도를 드리니, "A급이다." 하셨다. 종은 좋은 것을 말할 때 항상 'A급'이라고 하기 때문에, 종이 알기 쉽게 A급이라고 해 주신 것 같았다. 딸에게 이 말을 전해 주었고, 딸아이는 이 A급과 결혼을 하였다. 그런데 이 A급이 목사 고시만 치면 떨어지는 것이었다. 총 네 번을 떨어졌는데, 그때마다 '정말로 A급을 만드시는구나.' 싶어 "떨어뜨리셔서 감사합니다." 하였다. 한 번에 합격한다면 영적으로 볼 때 득보다 실이 더 많을 것이기 때문이다. 다섯 번째에 합격하고 목사가 되어 지금은 부산에서 부목으로 있는데, 힘들고 고생스러워도 부부가 개척하기를 바라는 마음이 간절하다.

하나님의 아들이시여

　몸이 아팠던 청년 시절, 시골에서 살고 있을 때였다. 시골에서는 버스가 드물게 다니니 시간을 놓치지 않으려고 미리 정류장으로 나가서 기다리고 있었다. 30대 중반으로 보이는 청년 하나가 혼자 소리를 쳤다가 작은 소리로 중얼거리며 왔다 갔다 하는 것을 보고 '맑은 정신은 아니구나.' 하고 짐작했다. 그런데 그가 버스를 기다리는 여러 사람을 두고 내 앞으로 와서 무릎을 꿇고 "하나님의 아들이시여!" 하는 것이다. 그 말에 어리둥절했으나, 나중에 성경 말씀을 보고서야 그 의미를 알게 되었다. 그에게 붙어 있는 귀신이 내게 성령이 내재하신 것을 보고 나를 하나님의 아들이라고 부른 것이다.

> 성령이 친히 우리의 영과 더불어 우리가 하나님의
> 자녀인 것을 증언하시나니 (롬 8:16)

　성령님은 육이 아닌 영이시다. 때문에 육을 가진 사람의 눈으로는 성령님을 볼 수가 없다. 귀신은 육이 아닌 영이므로 성령님이 내 안에 계신 것을 보고 나에게 '하나님의 아들'이라고, 그 남자의 입술 통해 말한 것이다.

> 너희는 너희가 하나님의 성전인 것과 하나님의 성령이 너희 안에 계시는 것을 알지 못하느냐 (고전 3:16)

약 이천여 년 전, 예수님이 하나님의 아들로 오신 것을 사람들은 몰랐으나 귀신들은 알고 있었다. 예수님이 거라사인의 지방에 귀신 들린 자를 고치러 가셨을 때, 귀신들이 예수님을 알아보고 쩔쩔맸다.

> 그가 멀리서 예수를 보고 달려와 절하며 큰 소리로 부르짖어 이르되 지극히 높으신 하나님의 아들 예수여 나와 당신이 무슨 상관이 있나이까 원하건대 하나님 앞에 맹세하고 나를 괴롭히지 마옵소서 하니 이는 예수께서 이미 그에게 이르시기를 더러운 귀신아 그 사람에게서 나오라 하셨음이라 (막 5:6~8)

45

살아 있는 성전이 더 귀하다

    한여름 땡볕에 수건을 머리에 동이고 예배당을 짓는 곳에서 땀 흘리며 봉사하는 동생을 보면서 '이 더운 날씨에 저렇게 고생하는데 시원한 것이라도 마실 수 있도록 사다 놓지. 그런 것도 안 되어 있나?' 하는 생각이 들었다. 이 생각이 오랫동안 지워지지 않았기 때문에, 세월이 흘러 신학을 하면서 개척하던 때, 주님께 이런 기도를 드려 보았다. '주님, 예배당을 잘 짓는 것이 그렇게도 중요한 것입니까? 그 돈으로 어려운 성도들을 도우면 안 되는 건가요?' 그렇게 생각대로 기도를 드리는데 "살아 있는 성전이 더 귀하다."라고 하셨다. 생명 없는 예배당보다 생명 있는 성도가 더 귀하다고 하신 말씀이다. 그 말씀이 나에게는 뼛속까지 사무치는 말씀이 되었다.

    어느 날, '살아 있는 성전이 더 귀하다'는 제목으로 설교를 하면서 화려한 예배당은 중요한 게 아니라는 말씀으로 예배를 마쳤는데, 큰딸이 수심 가득한 얼굴로 말했다. 설교를 들으니 답답하면서 속이 불편하고 거북스러웠다는 것이다. '살아 있는 성전이 더 귀하다'는 말씀을 전하고자 현재의 화려한 교회들을 비판하면서 문제가 생긴 것이었다. 기존의 화려한 예배당을 흠을 잡으라고 주신 말씀이 아닌데 내가 잘못 적용했다는 생각이 들어 그 후로는 예배당에 대하여는 함구하기로 하였다. 화려하고 큰 예배당이건 보잘것없는 작은 지하 예배당이건 다 주께서 하신 것 아닌가. 그러니 주가 주신 말씀으로 주가 하신 일에 흠을 잡은 셈이다.

그날 설교 때 주님이 얼마나 불편하셨으면 딸을 통하여 알려 주셨을까. '아는 것이 곧 아는 것이 아니고, 우물 안 개구리구나.' 하는 생각이 들었다. 받은 은혜로 지혜로운 설교를 못 해 주님 마음이 불편하셨으나 살아 있는 성전이 더 귀하다고 하신 말씀은 진리이다.

어느 날, 전혀 생각지도 못한 말씀을 들었다. "서 있으나 쓰러졌다."라는 말씀이었다. 구체적으로 밝히는 것은 은혜가 되지 않을 것 같으니 생략하나, 어느 지역인지와 심지어 교회 규모까지 말씀하셨다. 왜 "서 있으나 쓰러져 있다."라고 하셨을까? 서 있는 것은 무엇이며 쓰러진 것은 무엇일까? 종이라면 누구나 감을 잡을 수 있을 것이다. 육의 것은 멀쩡하나 영의 것이 쓰러졌다고 하신 것이다. 지금 성도들에게 필요한 것은 무엇일까? 누가 뭐라 해도 회개이다.

누가 종에게 와서 기도 중에 받은 것이라며 말하길, 평신도가 세상에서 방황하며 허우적거리는 것에는 주님이 크게 진노하시어 화를 내시지 않지만, 주의 종들이 허우적거리며 죄를 탐하고, 범하는 것에는 엄청 심각하시다고 했다.

한때 이 나라의 많은 성도가 나라를 걱정했고, "나라가 있어야 교회가 있다."라고 했다. 언뜻 맞는 말 같다. 그러나 아니다. 그것은 세상인의 시각이다. 주님은 세상 나라의 중심이 아니시다. 피로 값을 주고 산 성도의 중심이시다. 교회가 교회다워야 나라를 나라답게 하신다. 나라를 나라답게 하는 길은 먼저 종들이 주님에게로 돌아가는 것이다. 돌아가는 첫걸음이 회개이다. 대규모로 모여서 "주여, 회개합니다!" 한다고 회개가 되는 것도 아니고, 심령의 변화를 일으키는 것도 쉽지 않다.

회개하고자 모임을 주최한 쪽에서 먼저 죄를 토하는 회개의 은혜를 받고, 이 토한 죄를 모인 성도들에게 낱낱이 고백할 때 성령께서 역사하실 수 있다. 그러므로 쉽지 않은 것이다. 그러지 못하면 각자 조용히 골방으로 들어가(마 6:6) 머리를 숙이고 아는 죄는 용서를 구하고 모르는 죄는 알게 해 달라고 하는 것이 회개의 지름길이 될 것이다. 모세를 시내산으로 부르신 하나님이 제사장들에게 하신 말씀이다.

또 여호와에게 가까이 하는 제사장들에게 그 몸을 성결히 하게 하라 나 여호와가 그들을 칠까 하노라 (출 19:22)

징계

하나님 아버지는 아무에게나 회초리를 사용하시지 않는다. 회초리는 친자녀들에게만 사용하시는 사랑의 매이기 때문이다.

> 주께서 그 사랑하시는 자를 징계하시고 그가 받아들이시는 아들마다 채찍질하심이라 하였으니 (히 12:6)

> 징계는 다 받는 것이거늘 너희에게 없으면 사생자요 친아들이 아니니라 (히 12:8)

다윗왕은 늙어 이불을 덮어도 추위를 탔다. 왕을 염려한 신복들이 아리따운 처녀 아비삭을 왕에게 데려왔으나, 아비삭은 왕의 수종만 했을 뿐 왕이 동침을 하지 않았다고 한다.

> 이 처녀는 심히 아름다워 그가 왕을 받들어 시중들
> 었으나 왕이 잠자리는 같이 하지 아니하였더라 (왕
> 상 1:4)

아비삭과 동침을 하지 않은 것은 하나님이 주신 징계의 은혜였다.

다윗왕이 하나님께 무서운 징계를 받은 것은, 자신과 간음한 여인 밧세바가 임신이 된 것을 알게 되자 이를 숨기려고 그녀의 남편 우리아를 최전선으로 보내 전사케 하였기 때문이다. 하나님의 진노는 무서웠다. 먼저 간음으로 낳은 아이의 목숨을 거두어 가시는 것으로 시작하여 다윗을 박살 내셨다. 아들 압살롬이 반란을 일으킨 것이다. 놀란 다윗왕은 궁에서 급히 도망가는 신세가 되었고, 남아 있던 후궁들을 대낮에 아들 압살롬에게 빼앗기는 대참사를 당하였다. 이 악몽 같은 징계로 인하여 다윗왕은 더욱 하나님을 경외하게 되었고, 아리따운 아비삭과도 동침하지 않고 수종만 들도록 한 것이다.

다윗은 이렇게 고백했다. 자신이 받은 고난이 유익이라고….

> 고난 당하기 전에는 내가 그릇 행하였더니 이제는
> 주의 말씀을 지키나이다 (시 119:67)

> 고난 당한 것이 내게 유익이라 이로 말미암아 내가
> 주의 율례들을 배우게 되었나이다 (시 119:71)

육이 가진 죄의 특성 때문에 '죄악이 나를 이겼다'고 고백할 수밖에 없었을 것이다.

> 죄악이 나를 이겼사오니 우리의 허물을 주께서 사하
> 시리이다 (시 65:3)

성도가 회초리를 맞는 것은 필수다. 어쩔 수 없다. 하나님 아버지께 맞는 회초리는 우리를 연단시킨다. 연단이란, 대장장이가 쇠붙이를 불에 달궈 원하는 모양대로 만들기 위해 두드리는 것이다. 이처럼 하나님 아버지의 회초리는 자녀들이 지닌 불순물들을 제거하는 데 사용되므로 징계는 곧 연단과 같다. 성도들의 믿음의 연단이 금보다 귀하다고 한 것은, 금은 불로 연단하면 조금씩 없어지지만, 성도에게 가해지는 연단은 없어지지 않고 더 바르고 귀한 믿음으로 성장하기 때문이다.

> 너희 믿음의 확실함은 불로 연단하여도 없어질 금보
> 다 더 귀하여 예수그리스도께서 나타나실 때에 칭찬
> 과 영광과 존귀를 얻게 할 것이라 (벧전 1:7)

> 사랑하는 자들아 너희를 연단하려고 오는 불 시험을
> 이상한 일 당하는 것 같이 이상히 여기지 말고 오히
> 려 너희가 그리스도의 고난에 참여하는 것으로 즐거
> 워하라 이는 그의 영광을 나타내실 때에 너희로 즐
> 거워하고 기뻐하게 하려 함이라 (벧전 4:12~13)

만만군의 여호와께서 이와 같이 말씀하시되 보라 내가 내 딸 백성을 어떻게 처치할꼬 그들을 녹이고 연단하리라 (렘 9:7)

보라 내가 너를 연단하였으나 은처럼 하지 아니하고 너를 고난의 풀무 불에서 택하였노라 (사 48:10)

단단한 음식은 장성한 자의 것이니 그들은 지각을 사용함으로 연단을 받아 선악을 분별하는 자들이니라 (히 5:14)

47

선악과

좋은 것을 먹으면 피가 되고 살이 되지만, 썩은 것을 먹으면 탈이 난다. 입으로 들어가는 것은 육에 영향을 준다.

아담과 하와가 먹은 선악과는 배탈 정도가 아니라 육의 기능 자체를 완전히 비틀어 하늘의 하나님 것에서 땅의 악한 영 사탄의 것으로 곤두박질치게 했다. 아담과 하와를 하나님으로부터 멀어지게 하려고 사탄은 뱀을 이용했다. 지혜롭다는(마 19:16) 뱀 역시 악한 영 사탄의 간교에 빠져 그 지혜는 악에 이용당했다. 사탄이 먼저 뱀을 요리했고, 요리된 뱀이 하와에게 한 첫말이 "하나님이 참으로 너희더러 동산 모든 나무의 실과를 먹지 말라 하시더냐."였다.

동산 가운데 있는 열매 선악과만 먹지 말라고 하셨는데, 마치 모든 과일을 못 먹게 하신 것처럼 뱀의 혀는 거짓말로 시작했다. 이미 사탄에게 요리되었기 때문이다. 헷갈리게 말한 뱀에게 하와가 똑 부러지게 말하기를,

동산 중앙에 있는 나무의 열매는 하나님의 말씀에 너희는 먹지도 말고 만지지도 말라 너희가 죽을까 하노라 하셨느니라 (창 3:3)

사람이든 동물이든 생명이 끊어진다는 것은 가장 두려운 일이다. 그러니 선악과를 먹으면 죽는다는 말씀 때문에 하와가 선악과를 안 먹을지도 모른다고 생각한 뱀은 선악과에 대한 그녀의 두려움을 없애기로 했다. 그래서 선악과는 먹어도 죽는 것이 아니라고 하였으나(창 3:4) 하와는 요지부동이었다.

뱀의 지혜로 하와에게 선악과를 먹도록 하는 것은 불가능하다고 판단한 사탄은, 자신이 경험한 바 있는 비장의 묘수를 꺼냈다.

아주 먼 옛날, 악한 영 사탄은 루시퍼였을 때 하나님의 부르심을 받아 하나님 발 등산까지 왕래하여 그룹 천사 위에 좌정하신 하나님의 영광과 존귀하심을 보았다. 그러나 어느 때인가 하나님의 보좌를 보며 부러움을 가졌고, 자신도 하나님처럼 그룹 천사 위에 좌정하겠다는 해괴망측한 생각을 가지게 된다. 그 생각이 하나님께 읽혀 박살이 난 것이다.

하나님처럼 되겠다는 루시퍼의 생각은 교만에서 나온 것이므로(겔 28:17), 그때 자신이 가졌던 교만을 하와에게 가지게 한다면 그녀가 선악과를 먹을 것이라 여겼다. 이 궤계를 받은 뱀이 다시 하와에게 말하기를, 선악과를 먹으면 눈이 밝아 하나님처럼 된다고 했다.

이 말을 들은 하와는 아마도 심장이 마비될 것처럼 놀랐을 것이다. 선악과가 자신을 하나님처럼 되게 한다니, 엄청난 유혹이었다. 당연히 머릿속이 복잡해지고, 이런 생각도 했을 것이다. '그래서 하나님이 동산의 모든 것은 다

먹더라도 동산 가운데 있는 선악과만 먹지 말라고 하셨구나.'

　그렇다고 하와가 선악과가 있는 곳으로 가서 바로 먹지는 못했을 것이다. 아마도 하와는 아담에게로 달려가 뱀에게 들은 놀라운 정보를 말했지만, 아담은 그녀와 달리 먹으면 정녕 죽으리라는 말씀을 하나님께 직접 들었으므로 먹을 수가 없었던 것이다. 하지만 하와는 하나님처럼 될 수 있다는 뱀의 말에 이미 미혹되어 교만이 생겨났으므로, 예전과는 달리 동산 가운데 있는 선악과를 보면 볼수록 먹음직하게 보였고, 지혜롭게 할 만큼 탐스럽게 보였다(창 3:6). 결국, 먹으면 죽는다는 하나님의 말씀을 뒤로하고 선악과를 먹고야 말았다. 루시퍼가 교만으로 하나님처럼 되겠노라고 반란을 일으키려 했듯이, 하와 역시 교만으로 하나님같이 눈이 밝게 되겠노라고 선악과를 먹고야 만 것이다. 하와가 선악과를 먹은 사실을 알게 된 아담은 참으로 참담했을 것이다. 말씀을 저버리고 선악과를 먹은 하와를 보신 하나님 마음과 같지 않았을까. 하와로 인하여 졸지에 선택의 기로에 서게 된 아담의 선택은 분명했다. 에덴에서 홀로 사느니 자신의 갈비뼈로 만들어진 하와를 택하였다. 그리하여 하와를 따라 선악과를 먹고 죽음의 길을 간 것이다.

　마치 죄 하나 없는 예수님이 선악과를 먹고 타락한 아담의 후손들을 위해 이 땅에 오셔서 죽음의 십자가를 택하신 것과 같이 하와를 위해 선악과를 먹은 아담의 모습에서 예수님이 보이므로, 아담을 예수님의 표상이라고 하신 것이다(롬 5:14). 마귀의 말대로 선악과를 먹은 이들의 눈은 밝아지긴 했다. 놀랍게도 죄악의 눈이 밝아진 것이다. 이 밝아진 죄악의 눈이 어떤 것인지 주께서 말씀하셨다.

속에서 곧 사람의 마음에서 나오는 것은 악한 생각
곧 음란과 도둑질과 살인과 간음과 탐욕과 악독과
속임과 음탕과 질투와 비방과 교만과 우매함이니 이
모든 악한 것이 다 속에서 나와서 사람을 더럽게 하
느니라 (막 7:21~23)

하나님의 형상에서 사탄의 형상으로 변질된 아담의 후손들에게 하신 주님
의 말씀이다.

너희는 너희 아비 마귀에게서 났으니 너희 아비의
욕심대로 너희도 행하고자 하느니라 그는 처음부
터 살인한 자요 진리가 그 속에 없으므로 진리에 서
지 못하고 거짓을 말할 때마다 제 것으로 말하나니
이는 그가 거짓말쟁이요 거짓의 아비가 되었음이라
(요 8:44)

사도 바울도 은혜로 알게 된 타락한 육의 기질을 가리켜 말하기를,

육체의 일은 분명하니 곧 음행과 더러운 것과 호색
과 우상 숭배와 주술과 원수 맺는 것과 분쟁과 시기
와 분냄과 당 짓는 것과 분열함과 이단과 투기와 술
취함과 방탕함과 또 그와 같은 것들이라

> 전에 너희에게 경계한 것 같이 경계하노니 이런 일
> 을 하는 자들은 하나님의 나라를 유업으로 받지 못
> 할 것이요 (갈 5:19~21)

> 육신의 생각은 사망이요 영의 생각은 생명과 평안이
> 니라 육신의 생각은 하나님과 원수가 되나니 이는
> 하나님의 법에 굴복하지 아니할 뿐 아니라 할 수도
> 없음이라 (롬 8:6~7)

세례 요한이 자신에게 세례를 받으러 온 유대인 무리를 가리켜 독사의 자식들이라고 한 것도 그들이 가진 육을 두고 한 말이다.

> 요한이 세례 받으러 나아오는 무리에게 이르되 독사
> 의 자식들아 누가 너희에게 일러 장차 올 진노를 피
> 하라 하더냐 (눅 3:7)

분명한 것은 선악과를 먹은 육이 마귀화된 것이다. 마귀화된 육에 하나님의 은혜까지 차단되었으니, 땅의 흙덩어리에 불과한 육이 영혼의 주인 행세를 하게 된다. 마치 영혼이 타락한 육을 위하여 존재하는 것처럼 육의 욕구를 충족시켜 주는 도구로 전락했으니 주객이 전도된 꼴이다. 이렇다 보니 주께서는 사람을 육 중심으로 살게 한 악한 영 사탄을 세상 임금이라고 말씀하신 것이다.

> 이제 이 세상에 대한 심판이 이르렀으니 이 세상의 임금이 쫓겨나리라 (요 12:31)

> 이 후에는 내가 너희와 말을 많이 하지 아니하리니 이 세상의 임금이 오겠음이라 그러나 그는 내게 관계할 것이 없으니 (요 14:30)

악한 영 사탄이 세상 임금이 된 것은 사탄에 의해 타락된 육이 사탄의 원하는 대로 오로지 육만을 위해 땀 흘리며 살기 때문이다. 육신만을 위해 사는 자를 성경에서는 "공중의 권세 잡은 자를 따랐으니 곧 지금 불순종의 아들들 가운데서 역사하는 영이라(엡 2:2)" 하였다.

예수님을 모르는 세상 사람들은 악한 영의 영향력에 눌려 산다는 말씀이다. 그래서 성도들에게 "너희는 이 세대를 본받지 말고 오직 마음을 새롭게 함으로 변화를 받아 하나님의 선하시고 기뻐하시고 온전하신 뜻이 무엇인지 분별하도록 하라(롬 12:2)" 하신 것이다. 주님이 십자가를 지고 가실 시간이 가까워졌을 때, 하나님 아버지께 기도를 드릴 때, 주님도, 제자들도 이 세상에 속한 것이 아니라고 하셨다.

> 내가 아버지의 말씀을 그들에게 주었사오매 세상이 그들을 미워하였사오니 이는 내가 세상에 속하지 아니함 같이 그들도 세상에 속하지 아니함으로 인함이니이다 (요 17:14)

반면 하나님을 모르고 육의 욕구대로 살아가는 사람들은 무엇을 위해 사는지 가인과 그의 후손들을 통하여 잘 알 수 있다. 가인은 아담이 낳은 첫아들이다. 그는 하나님으로부터 멀어진 자이며 사람을 죽인 최초의 살인자이기도 하다.

> 가인이 그의 아우 아벨에게 말하고 그들이 들에 있을 때에 가인이 그의 아우 아벨을 쳐죽이니라 (창 4:8)

가인의 후손들 역시 하나님을 멀리하고 오르지 육신만을 위하여 열심히 산 자들이다. 이들은 육의 욕구대로 산 자들답게 육신을 위해 남겨 놓은 업적들도 꽤 있다. 최초로 사람이 살 수 있도록 집을 짓고 가축을 기른 자가 가인의 혈통 야발이다.

> 아다는 야발을 낳았으니 그는 장막에 거주하며 가축을 치는 자의 조상이 되었고 (창 4:20)

또한, 그들은 최초로 악기를 만들었다. 뿐만 아니라 음란한 음악을 개발한 자가 가인의 혈통 유발이다. 하나님을 찬양하는 음악이 있듯이, 타락한 육을 유혹하는 음악이 있는 것이다.

> 그의 아우의 이름은 유발이니 그는 수금과 퉁소를
> 잡는 모든 자의 조상이 되었으며 (창 4:21)

가인의 혈통 라멕은 최초로 일부일처제를 깨고 정욕을 채우려고 두 아내를 가진 자다.

> 라멕이 두 아내를 맞이하였으니 하나의 이름은 아다
> 요 하나의 이름은 씰라였더라 (창 4:19)

가인의 혈통이나 함의 혈통들처럼 육의 욕구를 채우려고 발버둥을 치며 사는 사람들을 보고 매우 즐기는 자가 있다. 그자가 악한 영 사탄이다. 사탄이 사람을 육신만을 위하여 살도록 타락시킨 것을 그가 가진 권위라 하였고, 그가 가진 영광이라 하였다.

> 이르되 이 모든 권위와 그 영광을 내가 네게 주리라
> 이것은 내게 넘겨 준 것이므로 내가 원하는 자에게
> 주노라 (눅 4:6)

이 말은 40일 금식하신 주님을 시험하면서 주께 사탄이 한 말이다. 사탄이 주님께 '내게 넘겨준 것'이라고 한 말은 거짓이 아닌 사실이다. 사탄이 넘겨받았다는 것은 태초에 천지 창조가(창 1:1) 그를 위한 것이고, 하나님으로부

터 받았기 때문이다. 그래서 '내 것이므로 내가 원하는 자에게 주겠다'고 한 것이다(눅 4:6).

세상 모든 것이 육신을 위한 것이다. 육신을 위하여 만들어진 고급스러운 것을 보면 기막히게 좋다. 또한, 유행이라는 것이 있으니 따라가야 한다. 신상품을 보면 가지고 싶고 열심히 돈을 모아 사야겠다는 계획도 세운다. 그러나 성경에서는 세상에 있는 것들, 그러니까 사람들에 의하여 만들어진 것들은 '육신의 정욕과 안목의 정욕'을 위한 것이라고 하였다(요일 2:16). 이런 것으로 육의 욕구를 채워 과시하고 자랑하며 사는 것이 낙이요, 전부인 것이 세상 사람들이다. 그들에게 좋은 것이 성도에게는 좋은 것이 아니므로 하나님 아버지로부터 온 것이 아니라 세상 것으로부터 온 것이라 하였다(요일 2:16). 세상 것으로부터 온 것이라는 말씀은 악한 영 사탄에게서 왔다는 의미이다. 육의 욕구를 충족시키기 위한 것들은 사탄과 직접적인 연관이 있기 때문이다.

> 이는 세상에 있는 모든 것이 육신의 정욕과 안목의 정욕과 이생의 자랑이니 다 아버지께로부터 온 것이 아니요 세상으로부터 온 것이라 (요일 2:16)

하늘나라에서 오신 분은 예수님과 성령님이다. 그리고 사람들이 말하는 '자연'에 속한 모든 것은 다 하나님이 창조한 창조물이다. 그러나 지금 이 땅은 육의 욕구를 충족시키고자 만들어진 것으로 도배되어 있으니 그것들을 사랑치 말라고 하신 것이다. 도배된 것이 하나님 아버지에게서 온 것이 아니기 때문이다. 그래서 종이 마음에 드는 등산화를 사려 했을 때 사치하지 말라고 하셨던 것이다.

이 세상이나 세상에 있는 것들을 사랑하지 말라 누구든지 세상을 사랑하면 아버지의 사랑이 그 안에 있지 아니하니 (요일 2:15)

육의 것으로 도배된 세상에서 살고 있는 성도들은 주를 위해 세상 것들을 어떻게 활용할 것인지 잘 생각해야 한다.

여호와여 이 세상에 살아 있는 동안 그들의 분깃을 받은 사람들에게서 주의 손으로 나를 구하소서 그들은 주의 재물로 배를 채우고 자녀로 만족하고 그들의 남은 산업을 그들의 어린 아이들에게 물려 주는 자니이다 (시 17:14)

"너희는 이 세대를 본받지 말고 오직 마음을 새롭게 함으로 변화를 받아 하나님의 선하시고 기뻐하시고 온전하신 뜻이 무엇인지 분별하도록 하라(롬 12:2)" 그러나 우리는 세상 것에 눈이 가고 마음도 빼앗긴다. 이것은 타락된 육의 본성이 있기 때문이다. 변화무쌍한 육의 기질을 누르고 주님을 따를 것인지 육이 주는 생각대로 세상 것을 쫓아갈 것인지 갈등하면서 나아가는 이들이 성도이다.

> 육체의 소욕은 성령을 거스르고 성령은 육체를 거스르나니 이 둘이 서로 대적함으로 너희가 원하는 것을 하지 못하게 하려 함이라 (갈 5:17)

어느 쪽을 택하느냐에 따라 의(義)의 종이 되기도 하고 악의 종이 되기도 하는데, 이는 순식간에 결정된다.

> 너희 자신을 종으로 내주어 누구에게 순종하든지 그 순종함을 받는 자의 종이 되는 줄을 너희가 알지 못하느냐 혹은 죄의 종으로 사망에 이르고 혹은 순종의 종으로 의에 이르느니라 (롬 6:16)

성도가 회개의 은혜를 누리지 않고 성도의 삶을 살 수 있는 방법이 있을까. 없을 것이다.

루시퍼가 사탄이 됐네

창세기 1장 1절의 태초 천지 창조는 육을 지닌 사람이 아니라 최고의 천사라고 일컫는 그룹 천사 루시퍼를 위한 천지 창조였다. 때문에 지구 어딘가 그의 처소가 있었을 텐데, 아마도 까마득한 먼 훗날 아담과 하와를 위해 에덴동산을 지으셨던 그곳이 아니었겠나 싶다. 하나님이 이 땅에 그룹 천사 루시퍼를 위한 처소를 지으셨을 때 아름답기와 규모가 어마어마했을 것이라고 짐작되는 것은 그의 처소는 열 가지 각종 보석으로만 꾸몄다고 기록되어 있기 때문이다.

> 네가 옛적에 하나님의 동산 에덴에 있어서 각종 보석 곧 홍보석과 황보석과 금강석과 황옥과 홍마노와 창옥과 청보석과 남보석과 홍옥과 황금으로 단장하였음이여 네가 지음을 받던 날에 너를 위하여 소고와 비파가 준비되었도다 (겔 28:13)

6일간 모든 것을 창조하신 후 아담과 하와를 지으신 것처럼 루시퍼를 위한 모든 것을 갖춰 두신 후 그를 짓던 날, 많은 천사와 여러 악기로 팡파르를 울려 퍼지게 한 것으로 루시퍼의 위상을 짐작할 수 있다. 뿐만 아니라 땅에 있는 그에게 하늘에 계신 하나님 발등상까지 왕래할 수 있도록 기름 부음까지 주셨으니, 그룹 천사 중 최고의 권위를 가진 자로 세워 주신 것이다.

> 너는 기름 부음을 받고 지키는 그룹임이여 내가 너를 세우매 네가 하나님의 성산에 있어서 불타는 돌들 사이에 왕래하였도다 (겔 28:14)

그는 영계의 권위와 위엄을 가졌을 뿐만 아니라 매우 아름다웠을 것이며, 다른 모든 천사는 그의 권위 앞에 순종하는 것이 기쁨과 즐거움이었을 것이다. 반면 육을 입고 있는 우리에게는 권위 앞에 순종하는 것이 쉬운 일이 아니다. 따라서 예배를 드리는 여성에게 천사를 위하여 머리에 표를 두라고 하였다.

> 그러므로 여자는 천사들로 말미암아 권세 아래에 있는 표를 그 머리 위에 둘지니라 (고전 11:10)

표라는 것은 남성이 여성의 머리고 여성은 남성의 머리가 아니라는 표시로, 여성의 머리를 가리는 너울을 쓰게 한 것이다. 이것은 성도가 하나님께 드리는 예배를 위해 수종을 드는 천사들이 영의 질서에 불편함이 없도록 하기 위한 배려였다.

이를 보면 영계의 질서에 있어 우리도 어느 정도 감을 잡을 수 있다. 이러한 질서 속에서 최고의 그룹 천사로 지음을 받고 기름 부음까지 받은 루시퍼는 분명 그가 해야 할 사명이 있었을 것이다. 그를 지으실 때 각종 악기가 동원된 것을 보면 그는 아마도 하나님께 찬양으로 영광을 드리기 위해 지음을 받지 않았나 싶다. 그렇다면 이 땅에는 루시퍼 혼자가 아니라 수많은 천사도 함께 있으면서 하늘에 계신 하나님께 영광의 찬양을 드렸을 것이다. 오케스트라 단원들이 지휘자의 지휘를 따라 연주하듯 루시퍼의 지휘에 따라 땅에서 올리는 천사들의 찬양을 하나님께서는 기쁘게 받으셨을 것이다. 또한, 하나님의 필요에 따라 하나님 발등상까지 루시퍼를 불러 은혜를 주셨고 그는 받은 은혜를 땅에 있는 수많은 천사와 함께 누리도록 은혜를 나르는 자였기에 그 이름이 루시퍼였다.

루시퍼란 '빛을 나르다'라는 뜻이다. 그에게는 아무런 빛도 없다. 빛은 우리를 위해 십자가에서 돌아가신 예수 그리스도뿐이다. 이사야 14장 12절에서 루시퍼를 계명성이라고도 하였다. 계명성 역시 '빛을 가진 자'라는 의미다. 무슨 빛인가? 하나님의 부르심을 받고 하나님의 발등상까지 가서 받은 은혜가 빛이다. 예수님이 십자가에서 흘리신 보혈이 우리의 죄악을 덮었듯, 루시퍼도 천상에서 받은 은혜의 빛으로 땅에 있는 천사들의 허물을 덮고 가려 주는 것이었다. 성령께서 주시는 사랑의 빛을 받아야 그도 허물을 덮을 수가 있으므로, 성령님을 상징하는 기름 부음을 그에게 주셨던 것이다. 구약에서 선지자, 제사장, 왕에게 주님 일을 위하여 기름 부음을 주신 것과 같이 하나님 일을 위하여 루시퍼에게 기름 부음을 주셨다.

천사라고 허물이 없는 것이 아니다. 스랍 천사들은 주님 앞에서 두 날개로 는 얼굴을 가리고, 두 날개로는 발을 가리며, 나머지 두 날개로는 날면서 찬 양을 드렸다. 이들이 얼굴을 가린 이유는 영광스러운 주님 앞에서 얼굴을 드 러낼 것이 없다는 의미이며, 발을 가린 것은 빛이신 주님 앞에서 허물을 가린 다는 의미이다.

> 스랍들이 모시고 섰는데 각기 여섯 날개가 있어 그 둘로는 자기의 얼굴을 가리었고 그 둘로는 자기의 발을 가리었고 그 둘로는 날며 서로 불러 이르되 거 룩하다 거룩하다 거룩하다 만군의 여호와여 그의 영 광이 온 땅에 충만하도다 하더라 (사 6:2~3)

하늘의 천사나 땅의 성도나, 창조된 모든 것은 주님의 은혜를 입고 있다. 요한계시록을 보면, 땅에서 주님께 충성한 성도들이 하늘나라에서 영광의 면 류관을 받은 후, 보좌에 계신 주님을 뵙자 충성한 것이 그들의 열심으로 된 것이 아니라 은혜로 된 것을 깨닫고 영광의 면류관을 벗어 주님께 드린다.

> 이십사 장로들이 보좌에 앉으신 이 앞에 엎드려 세 세토록 살아 계시는 이에게 경배하고 자기의 관을 보좌 앞에 드리며 이르되 우리 주 하나님이여 영광 과 존귀와 권능을 받으시는 것이 합당하오니 주께서 만물을 지으신지라 만물이 주의 뜻대로 있었고 또 지으심을 받았나이다 하더라 (계 4:10~11)

사도 바울이 '나의 나 된 것은 주님의 은혜로 된 것'이라고 고백한 것도 같은 맥락이다.

> 그러나 내가 나 된 것은 하나님의 은혜로 된 것이
> 니 내게 주신 그의 은혜가 헛되지 아니하여 내가 모
> 든 사도보다 더 많이 수고하였으나 내가 한 것이 아
> 니요 오직 나와 함께 하신 하나님의 은혜로라 (고전
> 15:10)

이러한 은혜로 된 루시퍼는 하나님 부르심에 따라 화광석 있는 하나님 발등상까지 가서 그룹 위에 좌정하신 하나님을 경배하는 최고의 천사 그룹을 보고도 '같은 그룹이라도 기름 부음을 받은 자신은 격이 다르다'고 생각한 것이다. 그래서 그는 기름 부음을 받은 자신도 하나님처럼 그룹 천사들 위에 좌정하겠다는 무시무시한 생각을 하였다. 루시퍼의 얼토당토않은 사악한 생각은 교만에서 나왔다고 성경에서 알려 준다.

> 네가 아름다우므로 마음이 교만하였으며 네가 영화
> 로우므로 네 지혜를 더럽혔음이여 (겔 28:17)

우주 공간에서 최초의 교만이 그에게서 시작되었으므로, 교만은 악한 영 사탄의 창작물이다. 사탄의 전매특허 같은 교만으로 독을 뿜어내는 이에게 말씀하시기를,

> 교만은 패망의 선봉이요 거만한 마음은 넘어짐의 앞
> 잡이니라 (잠 16:18)

> 사람의 마음의 교만은 멸망의 선봉이요 겸손은 존귀
> 의 길잡이니라 (잠 18:12)

　루시퍼의 교만한 생각은 구체적으로 세 단계로 나뉜다. 첫째는 하나님의 뭇별 위에 자신의 보좌를 높임이고, 둘째는 북극 집회의 산 위에 좌정하는 것이며, 셋째는 가장 높은 구름에 올라 지극히 높은 자와 비기는 것이었다.

> 네가 네 마음에 이르기를 내가 하늘에 올라 하나님
> 의 뭇 별 위에 내 자리를 높이리라 내가 북극 집회의
> 산 위에 앉으리라 가장 높은 구름에 올라가 지극히
> 높은 이와 같아지리라 하는도다 (사 14:13~14)

　첫 번째 그가 말한 '뭇별'은 밤하늘의 반짝이는 별을 가리키는 것이 아니라, 하늘나라에 있는 많은 천사를 가리킨다. 그가 땅에 있는 천사들을 다스렸듯이 하늘에 있는 천사들도 다스리겠다는 뜻으로, 뭇별 위에 자신의 직을 높이겠다는 것이다.

　두 번째로, 북극 집회의 산 위에 좌정하겠다는 말은 절대자 하나님이 하시는 판단도 자신이 하겠다는 의미이다. 북극 집회라 한 것으로 보아 천국이 북쪽에 있음을 알 수 있다. 천국에서 하나님이 주재하시는 회의라면 중요한 회

의일 것이다. 모든 생명의 생사 결정은 하나님 아버지께서 하시니, 아마도 생사 문제로 열리는 회의가 아니었을까. 이런 중차대한 일인 만큼 재판장급 천사장들이 모였을 것이다. 뿐만 아니라 생사를 다루는 회의이므로 공정한지를 살펴야 하고, 이를 행한 분이 하나님이다.

> 하나님은 신들의 모임 가운데에 서시며 하나님은 그들 가운데에서 재판하시느니라 (시 82:1)

이를 자신이 하겠노라 북극 집회의 산 위에 좌정하겠다고 한 것이다. 모든 생명체의 생명은 하나님 아버지가 가지고 계신다. 심지어 참새 새끼까지도 하나님 아버지의 허락 없이는 절대로 생명을 잃지 않는다. 참새를 잡아 생계를 유지하는 자도, 참새를 잡아먹는 천적도 하나님이 허락하시기에 가능할 뿐, 하나님이 허락지 않는 이상 참새는 절대로 잡히지도, 죽지도 않는다. 모든 생사화복은 하나님 아버지가 가지고 계신다.

> 참새 두 마리가 한 앗사리온에 팔리지 않느냐 그러나 너희 아버지께서 허락하지 아니하시면 그 하나도 땅에 떨어지지 아니하리라 (마 10:29)

> 여호와는 죽이기도 하시고 살리기도 하시며 스올에 내리게도 하시고 거기에서 올리기도 하시는도다 여호와는 가난하게도 하시고 부하게도 하시며 낮추기도 하시고 높이기도 하시는도다 (삼상 2:6~7)

사람의 생명은 코끝의 호흡에 있다고 하였다. 이 호흡을 끊는 분도 하나님 아버지다. 이스라엘의 사악한 왕 아합의 코끝 호흡을 끊기로 하신 하나님은 여러 사람을 사용하신다. 선한 사람, 악한 사람 그리고 악한 영까지도 각자 맞게 사용하셨다.

사건은 이렇다. 어느 날, 이스라엘 왕 아합은 유다 왕 여호사밧에게 '우리가 연합하여 빼앗긴 길르앗 라못 땅을 되찾자'고 제안한다. 여호사밧이 제안을 받아들였다. 아람 나라와의 전쟁을 앞두고 승패가 궁금해진 두 왕은 선지자에게 묻기로 했다. 아합왕은 자신의 악행도 위로해 주는 사이비 선지자 시드기야를 불러 전쟁의 승패를 물었다. 시드기야는 이에 "하나님이 승리하게 하시니 길르앗 라못으로 올라가라."라고 하였다. 하지만 맑지 못한 얼굴을 가진 자의 입에서 나온 예언을 석연치 않게 여긴 여호사밧왕은 아합왕에게 다른 예언자는 없느냐고 묻는다. 이에 아합왕이 말하기를, 있기는 하나 그자는 언제나 내 마음을 상하게 하는 무엄한 선지자라며 묻기를 꺼렸다. 그러나 때가 때인 만큼 아합이 무엄하다 칭한 참선지자 미가야를 불러 전쟁의 승패를 물었다. 이때, 하나님은 미가야의 눈을 열어 천상에서 열린 회의를 보여 주셨다. 이 회의를 보니, 하나님께서 "아합왕을 누가 꾀어 길르앗 라못으로 가서 죽게 하겠느냐."라고 물으셨다. 이에 한 영이 "제가 거짓말하는 영이 되어 아합왕의 사이비 선지자의 입술에 붙어 승리한다고 거짓말을 함으로써 왕을 길르앗 라못으로 가도록 하겠습니다."라고 하였고, 하나님이 허락하셨다.

이 회의를 본 선지자는 본 대로 아합왕에게 고하였다.

미가야가 이르되 그런즉 왕은 여호와의 말씀을 들으소서 내가 보니 여호와께서 그의 보좌에 앉으셨고 하늘의 만군이 그의 좌우편에 모시고 섰는데 여호와께서 말씀하시기를 누가 이스라엘 왕 아합을 꾀어 그에게 길르앗 라못에 올라가서 죽게 할까 하시니 하나는 이렇게 하겠다 하고 하나는 저렇게 하겠다 하였는데 한 영이 나와서 여호와 앞에 서서 말하되 내가 그를 꾀겠나이다 하니 여호와께서 그에게 이르시되 어떻게 하겠느냐 하시니 그가 이르되 내가 나가서 거짓말하는 영이 되어 그의 모든 선지자들의 입에 있겠나이다 하니 여호와께서 이르시되 너는 꾀겠고 또 이루리라 나가서 그리하라 하셨은즉 이제 보소서 여호와께서 거짓말하는 영을 왕의 이 모든 선지자들의 입에 넣으셨고 또 여호와께서 왕에게 대하여 재앙을 말씀하셨나이다 하니 (대하 18:18~22)

사이비 선지자 시드기야는 자신의 예언과 상반된 예언을 한 미가야에게 "여호와의 영이 나를 떠나 어디로 말미암아 가서 네게 말씀하시더냐(대하 18:23)." 하며 뺨까지 때렸다. 사이비가 그토록 과감할 수 있었던 것은 자신에게 승리한다고 알려 준 영이 거짓 영인 줄 몰랐기 때문이다.

미가야의 예언은 전쟁을 앞둔 왕의 심기를 매우 불편하게 했다. 왕은 미가야를 옥에 가두게 하고 자신의 사이비 선지자 시드기야의 예언을 믿고 길리앗 라못으로 출정했다. 그러나 미가야의 예언이 마음에 걸렸던지 왕의 갑옷 위에 병사의 옷을 겹쳐 입고 변장까지 했다. 그럼에도 우연히 쏜 병사의 화살이 왕의 갑옷 솔기를 뚫고 들어가면서 아합왕은 죽음을 맞게 된다(대하 18:33). 솔기란 옷을 만들 때 천과 천이 맞닿는 곳이다. 화살이 솔기에 꽂혔다는 것은 하나님이 하시는 일은 한 치의 오차도 없이 정확함을 보여 주신 것이다. 루시퍼는 이러한 인간의 생사를 다루는 하나님 아버지의 결정을 자신이 하겠다고, 북국 집회의 산 위에 좌정하리라고 한 것이다. 세 번째, 그가 원하는 최종 목적지는 가장 높은 구름 위에 좌정하신 하나님과 같이 되는 것이었다.

> 가장 높은 구름에 올라가 지극히 높은 이와 같아지리라 하는도다 (사 14:14)

루시퍼가 말한 '가장 높은 구름'은 하늘 높이 떠 있는 뭉게구름이 아니다. 인간이 상상할 수 없는 기상천외한(겔 1:4~25) 그룹 천사를 말한 것이다. 하나님의 수행비서관 같은 그룹 천사는 측근 중에서도 최측근이다. 하나님께서 가시고자 하는 곳에는 반드시 그룹 천사들이 움직인다. 홍해 앞에서 머물던 백성을 사로잡기 위해 애굽 군대가 몰려갔을 때, 군대 쪽을 캄캄하게 하여 접근하지 못하게 한 구름 기둥은 진짜 구름이 아닌, 구름처럼 보이는 그룹 천사들이었다.

> 이스라엘 진 앞에 가던 하나님의 사자가 그들의 뒤로 옮겨 가매 구름 기둥도 앞에서 그 뒤로 옮겨 애굽 진과 이스라엘 진 사이에 이르러 서니 저쪽에는 구름과 흑암이 있고 이쪽에는 밤이 밝으므로 밤새도록 저쪽이 이쪽에 가까이 못하였더라 (출 14:19~20)

이스라엘 백성이 광야에서 훈련을 받을 때 성막 위에는 구름 기둥이 머물러 있었는데, 이 역시 구름으로 보이는 그룹 천사였다.

> 여호와께서 그들 앞에서 가시며 낮에는 구름 기둥으로 그들의 길을 인도하시고 밤에는 불 기둥을 그들에게 비추사 낮이나 밤이나 진행하게 하시니 낮에는 구름 기둥, 밤에는 불 기둥이 백성 앞에서 떠나지 아니하니라 (출 13:21~22)

법궤 위 속죄소는 하나님이 임재하시는 처소이다. '시은좌'라고도 하는 그곳 양쪽 끝에 날개를 편 천사를 만들어 놓으라고 명하시어 만든 천사가 그룹 천사이다.

> 금으로 그룹 둘을 속죄소 양쪽에 쳐서 만들었으되 한 그룹은 이쪽 끝에, 한 그룹은 저쪽 끝에 곧 속죄소와 한 덩이로 그 양쪽에 만들었으니 그룹들이 그 날개를 높이 펴서 그 날개로 속죄소를 덮었으며 그 얼굴은 서로 대하여 속죄소를 향하였더라 (출 37:7~9)

그룹 천사는 하나님께서 가시는 곳에 가는 천사였으므로 시편에서는,

> 그룹을 타고 다니심이여 바람 날개를 타고 높이 솟
> 아오르셨도다 (시 18:10)

이러한 그룹 천사들을 '하나님 수레를 삼으셨다'고 하였고, 바람 날개라고
도 하였다.

> 물에 자기 누각의 들보를 얹으시며 구름으로 자기
> 수레를 삼으시고 바람 날개로 다니시며 (시 104:3)

에스겔은 하나님이 어디로 가시든 그곳으로 가는 천사가 그룹 천사라고 하
였다.

> 영이 어떤 쪽으로 가면 생물들도 영이 가려 하는 곳
> 으로 가고 바퀴들도 그 곁에서 들리니 이는 생물의
> 영이 그 바퀴들 가운데에 있음이니라 (겔 1:20)

예수께서는 부활하시고 제자들과 40일을 함께하시다가 승천하셨다. 이때
제자들이 승천하시는 예수님을 넋을 잃고 바라보는데, 갑자기 구름이 나타나
예수님 모습을 가려 보이지 않게 했다. 이 구름도 그룹 천사다.

> 이 말씀을 마치시고 그들이 보는데 올려져 가시니
> 구름이 그를 가리어 보이지 않게 하더라 (행 1:9)

주님께서 제자들에게 '구름을 타고 이 세상에 다시 온다' 하셨다. 이는 그룹 천사를 타고 오신다는 말씀이다.

> 그 때에 인자의 징조가 하늘에서 보이겠고 그 때에
> 땅의 모든 족속들이 통곡하며 그들이 인자가 구름
> 을 타고 능력과 큰 영광으로 오는 것을 보리라 (마
> 24:30)

이런 그룹 천사 위에 좌정하신 하나님같이 되겠다고 '가장 높은 구름에 올라가 지극히 높은 자와 비기리라' 한 것이다.

> 가장 높은 구름에 올라가 지극히 높은 이와 같아지
> 리라 하는도다 (사 14:14)

참으로 황당무계한 생각을 하던 그에게 하나님께서 말씀하시기를,

> 그러나 이제 네가 스올 곧 구덩이 맨 밑에 떨어짐을
> 당하리로다 (사 14:15)

구덩이 맨 밑이라면 어딜까? 종의 생각으로는 땅속 깊은 곳이다. 그곳에는 내핵과 외핵이 있기 때문이다. 내핵과 외핵은 온도가 약 6,000~6,500도일 것이라 한다. 엄청난 불덩어리가 살아 있는 사람들에게 영향을 줄 수 있는 것도 아닌데 무엇 때문에 있게 하셨을까? 혹시 그곳이 지옥은 아닐까? 작은 돌덩어리조차 하나님의 창조물인데 하물며 불못 같은 거대한 외핵, 내핵을 까닭 없이 그저 땅속 깊은 곳에 둔 것은 아닐 것이다.

아무튼, 악한 영 사탄은 땅속 깊은 곳, 사방이 불구덩이로 된 지옥으로 처박힐 것이다. 성경에서는 '지옥은 뜨거운 곳이며, 그곳의 불덩어리는 영원히 꺼지지 않는 불못'이라고 하였다.

> 거기에서는 구더기도 죽지 않고 불도 꺼지지 아니하느니라 사람마다 불로써 소금 치듯 함을 받으리라 (막 9:48~49)

> 사망과 음부도 불못에 던져지니 이것은 둘째 사망 곧 불못이라 누구든지 생명책에 기록되지 못한 자는 불못에 던져지더라 (계 20:14~15)

> 그러나 두려워하는 자들과 믿지 아니하는 자들과 흉악한 자들과 살인자들과 음행하는 자들과 점술가들과 우상 숭배자들과 거짓말하는 모든 자들은 불과 유황으로 타는 못에 던져지리니 이것이 둘째 사망이라 (계 21:8)

> 불러 이르되 아버지 아브라함이여 나를 긍휼히 여기
> 사 나사로를 보내어 그 손가락 끝에 물을 찍어 내 혀
> 를 서늘하게 하소서 내가 이 불꽃 가운데서 괴로워
> 하나이다 (눅 16:24)

  성경에는 이런 말씀도 있다. 주님의 영이 지옥이 아닌 곳에 갇혀 있는 영혼들을 위하여 내려가셨다고. 베드로전서에서 그곳을 '옥'이라고 하였다. 그곳은 아마도 '스올'일 것이다. 스올도 땅속이지만 지옥보다는 훨씬 낮은 곳이므로 지옥으로 가야 할 사탄에게 "그러나 이제 네가 스올 구덩이 맨 밑에 떨어짐을 당하리라(사 14:15)"고 한 것이다. 주님이 스올에 내려가신 것은 영혼 구원 때문이다. 그곳은 먼 옛날 노아의 홍수가 있기 전, 회개하라고 120년을 참고 기다려 주셨을 때(벧전 3:20) 회개하지 않아 홍수로 목숨을 잃은 자들의 영혼이 있는 곳이라고 하였다.

> 그리스도께서도 단번에 죄를 위하여 죽으사 의인으
> 로서 불의한 자를 대신하셨으니 이는 우리를 하나님
> 앞으로 인도하려 하심이라 육체로는 죽임을 당하시
> 고 영으로는 살리심을 받으셨으니 그가 또한 영으로
> 가서 옥에 있는 영들에게 선포하시니라 그들은 전에
> 노아의 날 방주를 준비할 동안 하나님이 오래 참고
> 기다리실 때에 복종하지 아니하던 자들이라 방주에
> 서 물로 말미암아 구원을 얻은 자가 몇 명뿐이니 겨
> 우 여덟 명이라 (벧전 3:18~20)

그러면 옥이라고 하는 스올(Sheol)은 어떤 곳인가.

> 이는 주께서 내 영혼을 스올에 버리지 아니하시며
> 주의 거룩한 자를 멸망시키지 않으실 것임이니이다
> (시 16:10)

> 네 손이 일을 얻는 대로 힘을 다하여 할지어다 네가
> 장차 들어갈 스올에는 일도 없고 계획도 없고 지식
> 도 없고 지혜도 없음이니라 (전 9:10)

> 너는 네 하나님 여호와께 한 징조를 구하되 깊은 데
> 에서든지 높은 데에서든지 구하라 하시니 (사 7:11)

> 오직 그 어리석은 자는 죽은 자들이 거기 있는 것과
> 그의 객들이 스올의 깊은 곳에 있는 것을 알지 못하
> 느니라 (잠 9:18)

이러한 스올에 갇혀 있는 영혼들을 구하시기 위해 주님의 영이 땅 아래로 가셨다고 하였다.

그러므로 이르기를 그가 위로 올라가실 때에 사로잡혔던 자들을 사로잡으시고 사람들에게 선물을 주셨다 하였도다 올라가셨다 하였은즉 땅 아래 낮은 곳으로 내리셨던 것이 아니면 무엇이냐 내리셨던 그가 곧 모든 하늘 위에 오르신 자니 이는 만물을 충만하게 하려 하심이라 (엡 4:8~10)

　노아의 홍수 때 있었던 사람들만이 아니라, 아마 하나님 자녀들로 예정된 자들이 숨을 거두면 그 영혼들은 스올로 갔을 것이다. 그들이 스올로 갈 수밖에 없었던 것은 육이 가진 죄를 용서받을 길이 열려 있지 않았기 때문이다. 타락된 육이 범하는 모든 죄를 용서받는 길은 예수님이 오셔서 사람이 육으로 범한 모든 죄를 지고 십자가 위에서 희생하시는 것뿐이다. 그러니 예수님의 십자가 사건이 있기까지는 예정된 하나님 자녀들의 영혼은 스올로 갈 수밖에 없었을 것이다. 그래서 예수님이 십자가에서 숨을 거두는 순간, 몸에서 분리된 주님의 영이 땅 밑 스올로 내려가셔서 영혼들을 구하여 낙원으로 데리고 가셨던 이 사실을 사도 베드로와 바울에게 알게 하셨던 것이 아닐까. 스올도 땅 밑이고 지옥도 땅 밑이며 다 저주를 받은 곳이다. 그러면 사람이 사는 땅은 온전한가? 아니다. 아담의 죄로 말미암아 땅은 이미 하나님께 저주를 받았다.

> 아담에게 이르시되 네가 네 아내의 말을 듣고 내가
> 네게 먹지 말라 한 나무의 열매를 먹었은즉 땅은 너
> 로 말미암아 저주를 받고 너는 네 평생에 수고하여
> 야 그 소산을 먹으리라 (창 3:17)

땅이 저주를 받으니 초식했던 모든 짐승과 새와 땅에 기어다니는 것까지 모두 약육강식으로 살벌하게 변한 것이다.

> 또 땅의 모든 짐승과 하늘의 모든 새와 생명이 있어
> 땅에 기는 모든 것에게는 내가 모든 푸른 풀을 먹을
> 거리로 주노라 하시니 그대로 되니라 (창 1:30)

저주받은 지구에 대하여 사도 베드로는 이렇게 기록하였다.

> 이로 말미암아 그 때에 세상은 물이 넘침으로 멸망
> 하였으되 이제 하늘과 땅은 그 동일한 말씀으로 불
> 사르기 위하여 보호하신 바 되어 경건하지 아니한
> 사람들의 심판과 멸망의 날까지 보존하여 두신 것이
> 니라 (벧후 3:6~7)

경건하지 않은 자들을 불사르기 위하여 지구를 심판 날까지 보존 중이라 하였는데, 이것이 지구의 처지인 것이다. 요한계시록에는 이렇게 기록되어 있다. "또 내가 새 하늘과 새 땅을 보니 처음 하늘과 처음 땅이 없어졌고 바다

도 다시 있지 않더라(계 21:1)" 성도의 본향은 확실히 이곳이 아니다.

그래서 주님께서 말씀하시기를,

> 너희는 마음에 근심하지 말라 하나님을 믿으니 또
> 나를 믿으라 내 아버지 집에 거할 곳이 많도다 그렇
> 지 않으면 너희에게 일렀으리라 내가 너희를 위하여
> 거처를 예비하러 가노니 (요 14:1~2)

우리를 위해 예비하시는 거처라고 다 같은 거처가 아닐 것이다. 상급이 다
르듯 거처도 다르다고 보면 맞을 것이다.

> 인자가 아버지의 영광으로 그 천사들과 함께 오리니
> 그 때에 각 사람이 행한 대로 갚으리라 (마 16:27)

> 보라 내가 속히 오리니 내가 줄 상이 내게 있어 각 사
> 람에게 그가 행한 대로 갚아주리라 (계 22:12)

천국에 성도의 거처가 있듯이 루시퍼의 거처는 이 땅이었다. 그가 교만으
로 고개를 쳐들고 하나님께 대적하려는 생각이 하나님께 읽혀 그는 초박살이
난다. 뿐만 아니라 그를 위해 열 가지의 각종 보석으로 만들어 놓은 어마어마
한 그의 거처까지 박살을 내셨다. 박살도 보통 박살이 아니었다. 그때 하나님

의 진노가 지구의 땅덩어리를 깊이 파헤쳐 완전히 뒤집어 놓으셨다. 그리고 창조하신 지구의 본모습은 없어지고 폐허가 된 지구에 물로 가득 채워 놓으시고, 물 위로 성령께서 비행하게 하셨다(창 1:2). 루시퍼가 살았던 최초의 지구 모습은 완전히 사라진 것이다.

그런데 땅 위, 에덴에 세워진 루시퍼의 거처에 있었던 그 많은 보석은(겔 28:13) 흔적도 없이 사라졌는데, 어디에 있을까? 사람들이 땅속으로 들어가서 캐 온 보석들은 까마득히 먼 옛날 에덴동산에 세워진 루시퍼의 거처에 있던 보석들이다. 그날 하나님의 극대노가 그의 거처에 있었던 엄청난 보석들을 모두 땅속으로 묻은 것이다. 지구에 이런 무시무시한 일이 있었음이 성경 말씀 창세기 1장 2절에 나와 있다.

> 땅이 혼돈하고 공허하며 흑암이 깊음 위에 있고 하나님의 영은 수면 위에 운행하시니라 (창 1:2)

땅이 혼돈하고 공허하다는 것은 태초에 루시퍼를 위하여 창조된 지구가 하나님의 대진노로 박살이 났다는 말씀이다. 박살 난 지구를 물로 가득 채우시고 물 위로 성령께서 운행하고 계심을 말씀한 것이다.

그리고,

> 태초에 하나님이 천지를 창조하시니라 (창 1:1)

창세기 1장 1절 말씀은, 루시퍼를 위하여 태초에 천지를 창조하셨다는 말씀이다. 천사 루시퍼를 위하여 태초에 창조된 천지는 그의 반역으로 완전히 박살이 났다. 박살 난 땅덩어리에 육을 가진 것들이 살 수 있도록 재창조가 시작된 것은 창세기 1장 3절부터다.

구름이 그룹 천사라는 것을 종이 알게 된 것은 십일조 때문이었고, 땅속의 보석들이 루시퍼의 거처에 있었던 보석임을 알게 된 것도 큰딸을 통해 주신 은혜 때문이었다.

재창조

악한 영 사탄으로 인하여 박살 난 지구에 육을 가진 사람이 살 수 있도록
재창조하시는 첫날, 먼저 빛이 있으라고 하셨다.

> 하나님이 이르시되 빛이 있으라 하시니 빛이 있었고
> 빛이 하나님이 보시기에 좋았더라 하나님이 빛과 어
> 둠을 나누사 (창 1:3~4)

이 빛은 햇빛도 달빛도 아니다. 해와 달은 넷째 날에 지으셨다. 이 빛은 예
수 그리스도를 말씀하신 것이다. 만물을 창조하시기 전에 육으로 오실 구원
자 예수 그리스도를 먼저 등장시킨 것은, 창조된 인간이 악한 영 사탄에게 타
락될 것임을 아셨기 때문이다. 빛에 이어서 나오는 어둠은 악한 영 사탄이다.
빛과 다르게 어둠은 있으라고 하지 않으셨다. 악한 영 사탄은 이미 존재하고
있었기 때문이다.

빛과 어둠이 나누어지는 것은 하늘의 것과 어둠에 속한 땅의 것으로 나누어지는 것이다. 그중에서 영혼과 육이 선악과를 먹은 후 불행하게도 나누어진 것이 가장 큰 관심사라 할 만하다. 하나님이 만물을 창조하시기 전에 예수 그리스도를 상징하는 빛을 먼저 있게 하신 것과 에덴동산에 악한 영 사탄의 것으로 상징되는 선악과가 있는 것을 보면 선악과로 말미암아 영혼과 육이 나누어지도록 설계를 하셨던 것 같기도 하다.

주님이 계시는 천국으로 갈 영혼과 악한 영 사탄이 있는 지옥으로 갈 영혼들이 있기 때문이 아닐까 싶다. 영혼과 육이 나누어지는 시발점은 에덴동산의 선악과를 먹은 직후였으나, 그리스도인이 아니고서는 영육이 나누어진 사실을 체감하기란 거의 불가능할 것이다. 앞에서 말한 대로 이 좋은 영육이 나누어진 것을 두 번 경험했다. 너무 신기한 경험이라 다시 이야기를 해야겠다는 생각이 든다.

깊은 잠이 들었던 새벽이었다. 누군가의 기도 소리에 잠을 어렴풋이 깨서 잘 들어 보니, 내 몸속, 배꼽 위와 가슴 아래쪽에서 들려오는 소리였다. 신기하여 귀를 기울이고 듣고 있었는데, 무슨 기도인지 알 수는 없었으나 내 영이 드리는 기도였다. 내가 아닌 것 같았으나, 또 하나의 나였다. 영원히 죽지 않는 영혼과 안타깝게도 죽을 수밖에 없는 육의 생명이 함께 있다는 것을 너무나 뚜렷하게 나는 체험했다. 마치 여인이 배 속에 잉태한 아이가 있다는 것을 아는 것같이 안 것이다.

예수님이 오신 것도 바로 이 영혼을 구원하시기 위함이었다. 사도 베드로는 기록하기를, 예수님을 믿는 믿음이 결국은 영혼 구원이라고 하였다.

> 믿음의 결국 곧 영혼의 구원을 받음이라 (벧전 1:9)

영혼과 다르게 선악과를 먹은 육은 흙으로 돌아갈 수밖에 없다. 타락한 아담이 아들을 낳았을 때 성경에서 말하기를, '아담의 형상을 닮은 아들을 낳았다'고 하였다. 따라서 최초의 사람 아담의 타락이 모든 사람에게 유전되었음을 알 수 있다.

> 아담은 백삼십 세에 자기의 모양 곧 자기의 형상과
> 같은 아들을 낳아 이름을 셋이라 하였고 (창 5:3)

이 말씀은 하나님의 형상으로 지음을 받은 아담이 선악과를 먹고 악한 영 사탄의 형상으로 변한 채 아들을 낳았으므로, 아들 역시 사탄의 기질을 가지고 태어났다는 의미이다. 한마디로 죄가 죄를 낳았다는 것이다. 그래서 사탄의 기질을 가진 몸뚱어리는 천국으로 가는 날에 벗어 던진다. 사도 베드로는 자신의 육을 장막에 비유하여 '장막을 벗을 날이 다가왔다'고 하였다.

> 이는 우리 주 예수 그리스도께서 내게 지시하신 것
> 같이 나도 나의 장막을 벗어날 것이 임박한 줄을 앎
> 이라 (벧후 1:14)

사도 바울도 육은 겉사람, 영혼은 속사람이라 하였고, 육신을 '장막 집'이

라 하였다. 그리고 장막 집(육)이 무너지면(죽음) 영혼은 하나님이 계시는 곳으로 간다고 하였다.

> 그러므로 우리가 낙심하지 아니하노니 우리의 겉사
> 람은 낡아지나 우리의 속사람은 날로 새로워지도다
> (고후 4:16)

> 만일 땅에 있는 우리의 장막 집이 무너지면 하나님
> 께서 지으신 집 곧 손으로 지은 것이 아니요 하늘에
> 있는 영원한 집이 우리에게 있는 줄 아느니라 (고후
> 5:1)

그러나 육신을 장막이라고 함부로 다뤄서는 안 될 것이다. 육이 있으므로 영혼의 삶이 있는 것이다. 영혼이 귀하고 귀한 만큼 육신 역시 귀하고 귀하다. 셋째 날은 육을 가진 것들이 살 수 있도록 지구를 덮고 있던 물을 한곳으로 모아 바다가 되게 하시고, 모습을 드러낸 땅에 각종 채소와 과목 등을 있게 하셨다. 땅 위에 있는 각종 채소와 과목 등 모든 생명체에게 절대적으로 필요한 것이 햇볕이다. 그리하여 넷째 날 해를 있게 하셨다. 사실, 해는 주님을 상징한다. 생명이 있는 모든 것에 해가 절대적이듯, 영혼을 가진 사람에게 절대적으로 필요한 분이 주님임을 암시하신 것이다. 해는 큰 광명으로 낮(선)을 주관한다 하셨고, 작은 광명인 달이 밤(악)을 주관한다고 하셨다.

> 하나님이 두 큰 광명체를 만드사 큰 광명체로 낮을
> 주관하게 하시고 작은 광명체로 밤을 주관하게 하시
> 며 또 별들을 만드시고 (창 1:16)

달이 밤을 주관한다는 것은 어둠의 사탄이 세상을 악으로 주무른다는 의미이다. 달은 바다에 영향을 미친다. 묘하게도, 바다에서 악의 것들이 올라온다. 다니엘서와 요한계시록에 기록되기를,

> 다니엘이 진술하여 이르되 내가 밤에 환상을 보았는
> 데 하늘의 네 바람이 큰 바다로 몰려 불더니 큰 짐승
> 넷이 바다에서 나왔는데 그 모양이 각각 다르더라
> (단 7:2~3)

> 내가 보니 바다에서 한 짐승이 나오는데 뿔이 열이
> 요 머리가 일곱이라 그 뿔에는 열 왕관이 있고 그 머
> 리들에는 신성모독 하는 이름들이 있더라 (계 13:1)

바다에서 올라온 이상한 괴물은 세상 임금의 일꾼이다(요 16:11). 이들은 사람이 가진 죄악의 욕구를 훨씬 능가하는 길로 가게 된다. 이러한 자들은 나라마다 수없이 많다. 이런 자들은 달의 조명을 받아서 갈 것이므로, 달(사탄)이 밤(죄)을 주관할 것이라 하신 것이다. 달을 단순한 육의 눈으로 보는, 정월 대보름에 구경하는 달로만 볼 것이 아니다. 눈에 보이는 저 달이 가진 영적인 의미가 사탄을 상징한다고 봐도 무방하다.

> 나는 빛도 짓고 어둠도 창조하며 나는 평안도 짓고
> 환난도 창조하나니 나는 여호와라 이 모든 일들을
> 행하는 자니라 하였노라 (사 45:7)

　어둠의 밤을 주관하는 달은 낮에 해 앞에서는 꾸어다 놓은 보릿자루처럼 꼼짝도 못 하고 우두커니 있다가, 해가 지고 밤이 오면 그제야 존재감을 드러낸다. 어떤 사람에게는 아주 크게, 어떤 사람에게는 아주 작게 달빛을 적절히 조명하여 자유자재로 영향력을 행사한다. 초승달에서 보름달까지 다양하다. 달의 조명을 받아 죄악의 길로 들어선 자들은 수두룩하다. 가룟 유다가 그렇다. 예수께서 제자들과 최후의 만찬을 하시던 날, 제자였던 가룟 유다에게 사탄이 들어가고(요 13:27) 그는 은 삼십을 받기 위해 예수님을 넘기겠다는 충동이 일어 곧바로 밖으로 나갔다.

　가룟 유다가 밖으로 나간 그때를 성경에서는 밤이라고 하였다(요 13:30). 밤이라고 한 것은 밤의 주인인 달(마귀)의 조명을 받았다는 의미이다. 예수님을 죽이라고 아우성친 이스라엘 백성들 뒤에는 달의 조명을 받은 지도자들의 사주가 있었다.

> 그러나 대제사장들이 무리를 충동하여 도리어 바라
> 바를 놓아 달라 하게 하니 (막 15:11)

> 보라 사탄의 회당 곧 자칭 유대인이라 하나 그렇지
> 아니하고 거짓말 하는 자들 (계 3:9)

예수님을 판 가룟 유다나 예수님을 죽이라고 소리친 이스라엘 백성이나 유대인을 미워하여 육백만 명을 죽인 히틀러나 그들의 배후에는 어두운 밤을 주관하는 달이 있었음을 우리는 알고 있다. 사람이 할 수 없는 그것을 하도록 하는 자가 달(마귀)이다. 아무리 캄캄한 흑암의 밤이라도 달이 비춰만 준다면 어둠 속에서 보이는 그 길로 가게 된다. 멸망의 길이요, 죽음의 길이자 영원히 돌아올 수 없는 그 밤길을 간 자들은 하나같이 달빛(악한 영 사탄)의 조명을 받은 자들이다.

뿐만 아니라 달빛의 조명으로 하나님을 부인하여 유명세를 가진 세계적인 인물도 수두룩하다. 어떤 이는 자신이 하는 일로 석 달째 술만 마시며 고민하던 중, 필(Feel)이 꽂힌 대로 했더니 원하는 일이 이루어졌다고 한다. 하지만 그에게 꽂힌 필이 달빛에게서 받은 것임을 그는 몰랐다. 그가 이루었다는 일들은 반사회적이요, 매우 악의적인 것이었다.

해(주님)는 살리는 일을 하지만 달(사탄)은 파괴하고 죽이는 일을 한다. 해(주님)와 달(사탄)은 땅에 있는 사람들에게 절대적인 영향을 주는데, 그 영향은 해와 달을 보면 가늠할 수 있다. 해는 만물에 절대적이지만, 달은 다르다. 달이 할 수 있는 것은 제한적이다. 악한 영 사탄은 사람을 흉내 내는 원숭이처럼, 주님을 흉내 내려고 한다. 그러나 사람을 흉내 내는 원숭이에게도 못 미친다. 악한 영 사탄을 무서워하거나 두려워할 것은 아니다. 문제는 그것이 성도들에게 죄를 범할 수 있도록 덫을 놓고 걸려들게 함으로써, 덫에 걸려든 성도는 하나님 아버지에게 매를 맞는 것이다.

지구가 끝없이 해 주위를 도는 것도 해가 주님을 상징하고 지구는 사람을 상징하기 때문이다. 성도는 숨을 쉬고 사는 동안 절대적으로 주님의 은혜를 사모해야 하고, 주님의 품에서 멀어져서는 안 된다. 지구가 수십억 년을 궤도를 이탈하지 않고 해 주변을 돌듯이, 성도는 주님 곁에 있어야 한다. 달은 해를 가까이할 수도 없고 돌 수도 없다. 달은 오로지 지구 주변을 돌 수밖에 없다. 악한 영 사탄을 상징하는 달이 사람을 상징하는 지구 주변을 끝없이 도는 것은, 사탄이 할 일을 하기 위해서이다. 그가 사람에게 무슨 짓을 했는지 성경에 다 기록되어 있고, 지금도 여전히 악의 화신답게 죄악이 있는 곳에는 그가 있다. 하와와 아담이 선악과를 먹도록 사탄을 도운 뱀에게 하나님은 말씀하셨다.

> 여호와 하나님이 뱀에게 이르시되 네가 이렇게 하였으니 네가 모든 가축과 들의 모든 짐승보다 더욱 저주를 받아 배로 다니고 살아 있는 동안 흙을 먹을지니라 (창 3:14)

이 말씀은 뱀에게도 해당되고 악한 영 사탄에게도 해당된다. 하와에게 선악과를 먹도록 속인 것은 뱀이었으나, 뱀 스스로 한 짓은 아니다. 악한 영 사탄이 뱀을 이용하여 자신의 것을 상징하는 선악과를 먹게 함으로써 아담과 하와를 타락되게 한 것이다. 그 일로 하나님은 사탄의 도구로 쓰인 뱀에게는 모든 짐승보다 더욱 저주를 내려 배로 기어 다니며 종신토록 흙을 먹을 것이라 하셨다. 뱀은 흙을 먹지 않는다. 흙을 먹을 것이라고 하신 것은 악한 영 사탄에게 하신 말씀이다. 사람의 육이 곧 흙이다(창 2:7). 선악과를 먹고 타락한 사람의 육에서 사탄이 갉아 낼 것은 아주 많다.

시기, 질투, 미움, 음행, 교만 등을 갉아 분출되게 하여 사람들의 악의 욕구를 채우도록 하며, 때로는 직접 육을 갉아 건강을 해치는 못된 짓도 할 것이므로 종신토록 흙을 먹을 것이라고 하신 것이다. 사탄이 성도의 생각을 갉아먹을 때, 그 영혼이 꽁꽁 얼어붙어 차가운 겨울 같은 영적 상태가 될 때도 있고, 또 주님이 주시는 은혜로 뜨거운 한여름 같은 영적 상태가 될 때도 있을 것이다.

> 땅이 있을 동안에는 심음과 거둠과 추위와 더위와 여름과 겨울과 낮과 밤이 쉬지 아니하리라 (창 8:22)

봄과 가을이 없는 것은 주님이 미적지근한 것을 싫어하시기 때문이다. 육이 활동하기에는 봄가을이 좋으나, 영의 세계에서는 좋지 않다. 주님께서 라오디게아의 성도들에게 말씀하시기를,

> 내가 네 행위를 아노니 네가 차지도 아니하고 뜨겁지도 아니하도다 네가 차든지 뜨겁든지 하기를 원하노라 네가 이같이 미지근하여 뜨겁지도 아니하고 차지도 아니하니 내 입에서 너를 토하여 버리리라 (계 3:15~16)

주님께 버림받는 양은 없다. 죄를 범하는 양에게는 회개의 은혜가 항상 있기 때문이다. 라오디게아 양들에게 토하여 버리겠다고 하셨으나, 그들에게 다시 말씀하시기를, 회초리를 잡을 테니 회개하라고 하셨다.

> 무릇 내가 사랑하는 자들을 책망하여 징계하노니 그
> 러므로 네가 열심을 내라 회개하라 (계 3:19)

  풍요로운 환경에서 세상 것을 즐기며 폼 나는 예배에 익숙한 이들에게 회
개하라 하셨으니, 어쩌면 이들에게 회개란 낯선 것이었을지도 모른다. 주님
은 이들에게 회개하라는 말씀만 하신 것은 아니다. 회초리도 잡겠다고 하셨
다. 말씀으로 회개하라고 하셨다고 "예, 그렇게 하겠습니다." 하고 세상 것을
훌훌 털고 주님에게 바짝 달라붙을 자는 없음을 잘 알고 계셨으므로, 사랑하
므로 징계하노라고 하신 것이다.

> 라오디게아 교회의 사자에게 편지하라 아멘이시요
> 충성되고 참된 증인이시요 하나님의 창조의 근본이
> 신 이가 이르시되 내가 네 행위를 아노니 네가 차지
> 도 아니하고 뜨겁지도 아니하도다 네가 차든지 뜨겁
> 든지 하기를 원하노라 네가 이같이 미지근하여 뜨겁
> 지도 아니하고 차지도 아니하니 내 입에서 너를 토
> 하여 버리리라 네가 말하기를 나는 부자라 부요하여
> 부족한 것이 없다 하나 네 곤고한 것과 가련한 것과
> 눈 먼 것과 벌거벗은 것을 알지 못하는도다 내가 너
> 를 권하노니 내게서 불로 연단한 금을 사서 부요하
> 게 하고 흰 옷을 사서 입어 벌거벗은 수치를 보이지
> 않게 하고 안약을 사서 눈에 발라 보게 하라 무릇 내
> 가 사랑하는 자를 책망하여 징계하노니 그러므로 네
> 가 열심을 내라 회개하라 (계 3:14~19)

하나님이 육을 가진 사람이 살 수 있도록 지구를 재창조하였다는 것은 조금도 이상하게 생각할 것이 없다. 아는 이는 다 알고 있기 때문이다. 여러 세기를 통하여 개신교든 가톨릭이든 삼위일체 교리를 인정하고 있음은 누구나 다 아는 사실이다. 삼위일체라는 말 자체가 성경에는 나오지 않지만, 성경에서 그 사실을 인지하여 그 교리를 발견하게 된 것이다. 예를 들어,

> 태초에 하나님이 천지를 창조하시니라 (창 1:1)

이 말씀은 하나님이 천지를 창조하셨다는 말씀이다. 이 말씀만 보면 '하나님이 하늘과 땅을 창조하셨구나.'라고 생각할 수 있겠으나, 예수님이 만물을 지으셨다는 말씀이 나온다.

> 만물이 그로 말미암아 지은 바 되었으니 지은 것이 하나도 그가 없이는 된 것이 없느니라 (요 1:3)

뿐만 아니라 성령께서도 하늘을 단장하셨다고 하셨다.

> 그 신으로 하늘을 단장하시고 손으로 날랜 뱀을 찌르시나니 (욥 26:13 – 개역 한글)

그리고 아담을 만드실 때 말씀하시기를,

> 하나님이 이르시되 우리의 형상을 따라 우리의 모양
> 대로 우리가 사람을 만들고 그들로 바다의 물고기와
> 하늘의 새와 가축과 온 땅과 땅에 기는 모든 것을 다
> 스리게 하자 하시고 (창 1:26)

이러한 말씀들을 볼 때, 삼위일체의 하나님을 부인할 수 없을 것이다. 지구의 재창조도 성경 말씀 어디에도 없으나, 재창조의 발견도 삼위일체와 같은 원리로 보면 될 것이다. 하나님이 창조하신 것에는 헛되이 창조된 것이 없다고 하셨다.

> 여호와는 하늘을 창조하신 하나님이시며 땅도 조성
> 하시고 견고케 하시되 헛되이 창조치 아니하시고 사
> 람으로 거하게 지으신 자시니라 그 말씀에 나는 여
> 호와라 나 외에 다른이가 없느니라 (사 45:18 – 개역
> 한글)

헛되이 창조치 않으시는 하나님께서 창조하신 것에 혼돈하고 공허하다는 말씀이 등장한다.

> 땅이 혼돈하고 공허하며 흑암이 깊음 위에 있고 (창
> 1:2)

이 말씀에 무슨 까닭이 있을 것이라는 의구심을 갖도록 은혜의 빛을 받은 이가 스코틀랜드의 토마스 칼머스(Thomas Chalmers) 목사다. 그리고 약 100년 후 가톨릭교회가 낳은 위대한 성경학자 크랑뿅은 교부들의 영향을 받아 연구한 주석들에서 창세기 1장 1절과 2절을 연결하여 그냥 읽을 것이 아니라, 1절과 2절 사이에는 무한한 시간적 간격이 있는 것이라고 하였다. 시간적 간격이란, 태초에 루시퍼를 위한 천지 창조가 그 어떤 일로 인하여 혼돈하고 공허하기까지의 간격을 말한다. '그 어떤 일'이란, 루시퍼가 그룹 위에 좌정하신 하나님과 동등하게 되겠노라고 헛꿈을 꿨을 때, 그의 보금자리인 지구가 하나님의 진노로 박살 난 일을 뜻한다. 즉, '간격'은 이 때문에 땅이 혼돈하고 공허하며 흑암이 깊음 위에 있게 된, 그 이전의 시간이다.

이런 무시무시한 사건이 있었다는 감을 잡게 된 것은 전도사 때였다. 무슨 책을 읽을까 하고 책꽂이에 꽂힌 책들의 제목을 훑어보는데, 특이하게 표지 전체가 연분홍인 책이 눈에 들어왔다. 그때 "그 책을 보라."라고 하셔서 읽게 된 책이 바로 도널드 그레이 반하우스의 《하나님과 사탄의 전쟁, 그 시작과 끝》이었다. 주님이 보라고 하셔서 여러 번 읽었는데, 매번 감동한 책이기도 하다.

책에서 받은 은혜는 영과 혼과 육을 나누는 삼분설과 재창조였다. 읽으면서 은혜를 받은 대로 재창조를 알고 싶어 창세기 앞부분을 집중적으로 보게 되었다. 그리고 세월이 10년 정도 흘렀을 때였다. 주일 오후 예배를 마쳤는데, 그 자리에서 조금 머물고 있던 큰딸이 "아빠, 하나님의 진노로 보석들이 땅속에 묻혔어요."라고 했다. 그 말을 듣고서는 '지구가 재창조된 것에 확신을 갖도록 하시는구나.'라고 생각하게 되었다. 그날, 딸은 약간 놀란 표정이었다. 딸도 전혀 예상치 못한 은혜를 받은 것 같았다.

지구의 재창조는 악한 영 사탄에 의해 사망의 문으로 빨려 들어가는 하나님의 자녀들이 예수 그리스도로 말미암아 재창조될 것을 암시하기도 한다. 하나님의 기막히는 구원의 섭리로 거듭난(요 3:3) 성도들은 삶 속에서 싸워야 할 거룩한 싸움이 남아 있다.

　이스라엘 백성이 마실 물이 없어 아우성일 때, 모세는 하나님이 지시하신 대로 지팡이로 바위를 쳤고, 바위에서 쏟아진 물을 마신(출 17:5~6) 백성들은 비로소 적과 싸운다(출 17:8). 한 번도 적과 싸운 적이 없었던 백성들이 바위에서 나온 물을 마신 후 벌인 전투는 성도라면 해야 하는 선한 싸움을 말하는 것이다. 깨진 바위는 십자가에서 돌아가신 예수님을(고전 10:4), 바위에서 나온 물은 성령을 상징하므로, 성령을 마시게 했다고 한 것이다(고전 12:13). 성령을 받은 성도는 선악과를 먹고 타락된 육의 것과(막 7:20~23, 요일 2:16) 싸움이 시작됐음을 알아야 한다.

　회개하며 선한 싸움을 하는 자는 성령을 받은 하나님의 자녀들뿐이다. 그러므로 서로를 용서하고 위로해야 한다(엡 4:32).

> 새 계명을 너희에게 주노니 서로 사랑하라 내가 너희를 사랑한 것 같이 너희도 서로 사랑하라 (요 13:34)

주가 주신 은혜

1판 1쇄 발행 2023년 9월 8일

지은이 박개동
이메일 jesus2415@hanmail.net

교정 주현강 **편집** 윤혜원 **마케팅·지원** 김혜지
펴낸곳 (주)하움출판사 **펴낸이** 문현광

이메일 haum1000@naver.com **홈페이지** haum.kr
블로그 blog.naver.com/haum1000 **인스타** @haum1007

ISBN 979-11-6440-405-6(03230)

좋은 책을 만들겠습니다.
하움출판사는 독자 여러분의 의견에 항상 귀 기울이고 있습니다.
파본은 구입처에서 교환해 드립니다.